F. E. Eckard Strohm

Die Engel von Atlantis

Licht - Verlag

Deutsche Erstausgabe

Licht - Verlag
Reichshof

Made in Germany 5/89 - 1.Auflage

Illustrationen und Umschlagentwurf:
Ingrid Riedel-Karp

Lektorat:
Christiane Schlusche

Druck:
Hundt Druck Köln

Satz:
A - 2000 B

Widmung

Ehre sei Gott in der Höhe
und Frieden im Menschen !

Inhalt

Vorwort

Einleitung 1 - 2

Atlantis - Der Garten Eden 3 - 10

Die Essener und Jesus 11 - 21

Engelwesen 22 - 37

Gesetzmäßigkeiten 38 - 47

Angleichung der Ebenen 48 - 59

Die Anrufung der Engel 60 - 64

Die Königsengel 65 - 72

Mit Engeln sprechen 73 - 79

Die atlantischen Engel
und ihre Aufgaben 80 - 105

Besondere Fragen und
ihre Antworten 106 - 111

Gemeinschaft der Kinder
des Lichts 112 - 118

Das Buch der Siegel 119 - 166

Vorwort

Dieses Buch habe ich auf Veranlassung der Engel geschrieben. Der größte Teil kam durch ihre medialen Botschaften zustande. Ich selber verstehe es weniger als Buch, sondern mehr als Einweihungsschrift, gibt es uns doch unser altes Wissen wieder zurück. Mögen die Leser dieses Wissen nicht nur lesen, sondern auch anwenden, erfahren und damit ihren Weg zum Vater finden.
Ganz besonders lieb bedanke ich mich bei Frau Ingrid Riedel-Karp, die mir sehr geholfen hat und die, mit Hilfe der Engel, die Illustrationen zu diesem Buch fertigte. Ferner bedanke ich mich bei allen, die mich in irgendeiner Weise unterstützt haben, besonders durch ihre postiven Gedanken.

Eckard

Du hast den Atem auf der Zunge geschaffen,
du hast gekannt die Worte der Zunge
und festgelegt die Frucht der Lippen,
noch ehe sie waren.

(Essenische Hymnenrolle)

Einleitung

Wo lag Atlantis?
Wie sah das Leben auf diesem sagenhaften Kontinent aus?
Existierte er überhaupt?
Diese Fragen beschäftigen die Menschheit schon seit der Antike. Besonders in den letzten Jahrzehnten wurden viele Spekulationen darüber angestellt. Es erschienen etliche Veröffentlichungen sowohl von wissenschaftlicher als auch von esoterischer Seite. Abenteuerliche Forschungsreisen wurden unternommen, Filme gedreht, Bücher geschrieben. Fast jeder Beitrag stellte eine andere Hypothese auf.
Wer hat nun recht?
Das Anliegen dieses Buches ist nicht, wissenschaftlich überprüfbare "Beweise" für die Existenz von Atlantis zu liefern. Es soll auch nicht eine weitere Spekulation sein und andere Hypothesen bekämpfen. Lage und Alter von Atlantis sollen nicht Gegenstand dieses Buches sein. Wir wollen uns den höheren Lehren von Atlantis zuwenden.

Nichts, was je auf dieser Erde geschehen ist, geht verloren. Denn der Geist formt die Materie und besteht weiter, auch wenn die Materie "vergeht", indem sie andere Formen annimmt. In der geistigen Ebene bleibt alles erhalten und wird " gespeichert ". Diese Aufzeichnung allen Geschehens wird in der Esoterik
" Akasha - Chronik " genannt.
Aus dieser Chronik stammt alles, was in diesem Buch über Atlantis gesagt wird.
Nun haben schon des öfteren Menschen für sich beansprucht, Zugang zur Akasha - Chronik zu haben. Der Leser wird feststellen, daß andere Berichte über Atlantis abweichen von dem, was

er in diesem Buch findet.
Was stimmt - was stimmt nicht? Wer irrt?
Oder irren alle?
Einmal davon abgesehen, daß sich durch menschliche Begrenztheit sehr oft Fehler einschleichen, scheint mir wichtig, darauf hinzuweisen, daß die bisherigen Schilderungen sich allein auf den zweiten atlantischen Zeitabschnitt beziehen, der sich, ebenso wie der erste, über viele Jahrtausende erstreckte. Als man auf diese zweite, sehr lange und erdgeschichtlich sehr frühe Epoche stieß, mag man angenommen haben, bereits die gesamte Atlantische Zeit " entdeckt " zu haben, was dann dazu führte, daß man bis zum ersten Zeitabschnitt gar nicht vorstieß.
Aber letztendlich geht es hier nicht um "rechthaben". Wichtig ist vielmehr, sich dem zu nähern, was das Leben der frühen Atlantaner bestimmte, nämlich dem Bewußtsein der " Einheit mit All-dem-was-ist " - mit Gott - und es für unsere Zeit wieder zu beleben.
Heute, da uns die Fragwürdigkeit eines rein materiell ausgerichteten, ganz auf Technik fixierten Daseins immer offensichtlicher wird, besinnen sich viele Menschen mehr und mehr auf die alten Fragen :
Wer bin ich ? Woher komme ich ?
Wohin gehe ich ?
In diesem Buch wird ein Weg gezeigt, wieder die Verbindung zu unserer geistigen Heimat zu finden - mit Hilfe der Engel. Das mag phantastisch klingen, ist jedoch nichts anderes als ein Anknüpfen an altes atlantisches Wissen, das sich bruchstückhaft und oft verschleiert, aber wahrhaft im Kern bis auf unsere Tage erhalten hat.

– Atlantis –
Der Garten Eden

"Geheiligt bis du und geheiligt sind deine Bewohner, denn siehe ich bin unter euch!"

(Atlantisches Buch der Gesetze)

Der Zeitabschnitt, von dem hier die Rede sein soll, erstreckte sich ungefähr auf die Jahre 83.000 bis 67.000 vor der großen Sintflut auf unserem Erdball - es ist die Zeit, in der die Engel den Menschen führten und leiteten.
In dieser frühen Zeit bot die Oberfläche der Erde ein völlig anderes Bild als heute. Die Kontinente hatten noch nicht ihre heutige Form. Teilweise bildeten sie miteinander feste Blöcke. Andere Gebiete, die heute fest zur Landmasse eines Kontinents gehören, waren große Inseln.
Es gab drei kontinentale Schauplätze früher menschlicher Hochkulturen, nämlich Atlantis, Lemuria und Moo. Auf allen dreien existierten ursprünglich noch tierische Vorstufen des Menschen. Aber während auf den anderen Kontinenten sich im Laufe einer allmählichen, natürlichen Evolution aus Primaten Menschen entwickelten, entstand in Atlantis durch direktes Eingreifen göttlicher Schöpfungskräfte ein geistig höherentwickeltes Individuum. Die Bibel schildert diesen Schöpfungsakt symbolisch als " Einhauchen göttlichen Atems " - des Geistes - in eine Form aus Lehm - die noch tierisch anmutende physische Gestalt. Das so geschaffene Wesen war fähig, die materielle Erscheinung durch den Geist zu formen, zu lenken und zu beherrschen. Schön-

Hafen von Atlantis

heit, Harmonie und Frieden kennzeichneten das Leben der atlantischen Menschen im
" Garten Eden ".
Sie lebten sehr lange, ungefähr 280 Jahre nach unserer heutigen Zeitrechnung, und wenn sie schließlich starben, vollzogen sie den bewußten Übergang von der physischen in die rein geistige Existenz. Todesangst war ihnen unbekannt, denn " Tod " im heutigen Sinne, das heißt das Auslöschen der Bewußtheit, fand nicht statt. Deshalb wurde der " Verstorbene " von seinen Angehörigen auch nicht betrauert, sondern sein Heimgang wurde gefeiert.
Weder Mensch noch Tier wurden getötet. Das Bewußtsein der völligen Einheit mit Gott und der Natur ließ so etwas nicht zu.
Nicht alle Atlantaner hatten allerdings gleichviel Wissen, und nicht alle hatten gleichviel Verantwortung.
Zuständig für das Wissen waren die Lokis : die Eingeweihten, die Lehrer und Heiler des Volkes, die unmittelbar mit den Engeln zusammen wirkten. " Priester " wäre die am ehesten zutreffende Übersetzung des Wortes " Loki ".

12 Lokis unterstanden jeweils einem Oberloki, und die 12 Oberlokis wiederum unterstanden dem Erzloki, dem höchsten Eingeweihten, der bei " Gott wohnte " und weder der Speise noch des Trankes bedurfte.
In jener Zeit, mit der wir uns hier im Besonderen beschäftigen, war Samael der Erzloki des " Reiches des goldenen Lichtes ", wie der ursprüngliche Name von Atlantis eigentlich lautete. Der Name Atlantis, abgeleitet von dem Namen der Hauptstadt, stammte von den Fremden, die das Reich auf Handelsreisen besuchten. " Atlantis " bedeutete :
"Der Allgewaltige, auf dem die Welt ruht".

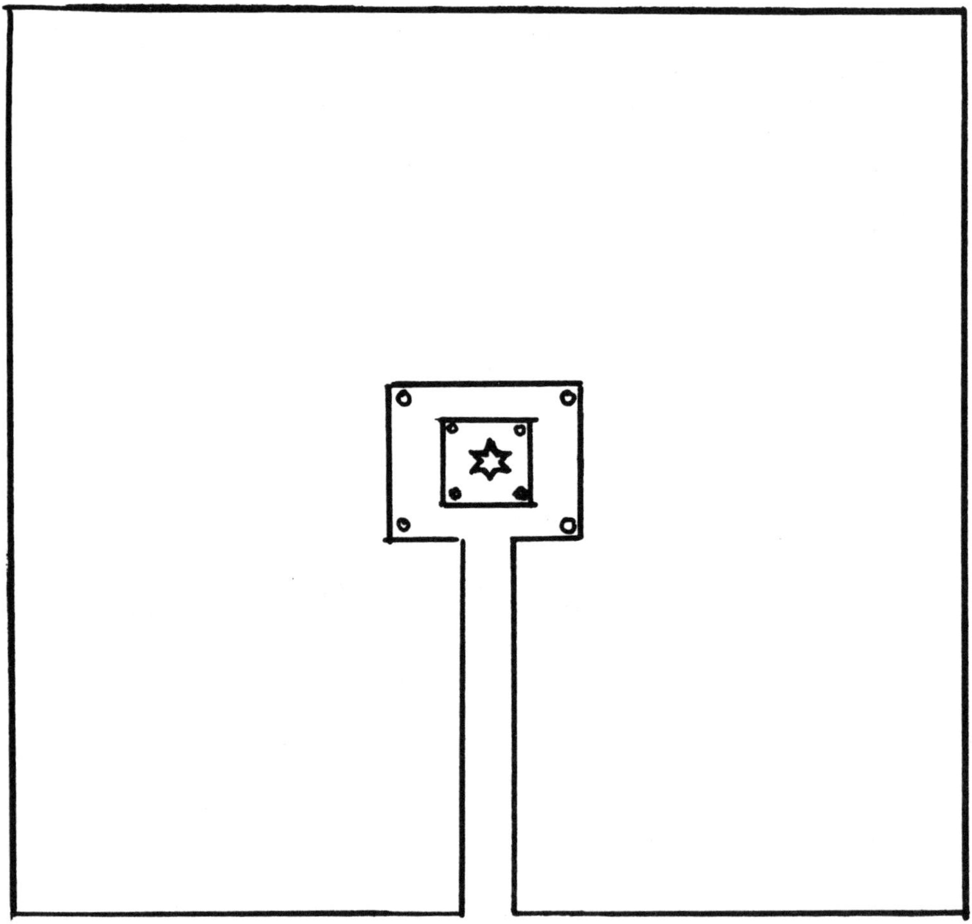

Lageplan Inneres Heiligtum im Tempel

Im griechischen Mythos des Riesen " ATLAS ", der die Welt auf seinen Schultern trägt, spiegelt sich noch heute die gleiche Bedeutung wieder.
Die Hauptstadt Atlantis war in zwölf Ringen auf einem langgestreckten Hügel angelegt. Jeder Ring wurde durch eine Mauer abgegrenzt. Jede Mauer enthielt die Schwingung und die Energien eines bestimmten Edelsteines und dessen Engels. Diese Edelsteine werden uns bei der Schilderung des Tempels erneut begegnen. Durch jede Mauer führte ein Tor, und hinter jeder Mauer führte eine Straße rings um die Stadt. Alle Tore waren durch eine Straße verbunden, die geradewegs hinauf zum Haupttempel auf dem Gipfel des Hügels führte. "Und Gott wohnte mitten unter den Menschen und sein Licht erhellte sie", heißt es in einer alten Überlieferung.
Im großen Haupttempel der Hauptstadt hatte Gott seinen Wohnsitz. Es gab einen großen Raum in der Mitte des Tempels. Seine Form war die eines sechszackigen Sternes. Fußboden, Decke und Wände waren mit purem Gold ausgeschlagen. Dieser Raum hatte keine Fenster und keine Tür. Er wurde niemals betreten - er war heilig. Die Gotteswohnstatt war der Mittelpunkt des "Inneren Heiligtums", eines quadratischen Raumes, ausgeschlagen mit purem Silber. Um den sechsstrahligen Sternenraum waren auf dem Fußboden zwölf Kreise im Abstand von je 12 Ellen gezogen. Jeder Kreis bestand aus Gold, und auf ihm standen zwölf Edelsteine von gewaltiger Größe - jeder hatte die Höhe eines halben Mannes. Der erste Kreis, am weitesten entfernt von der Mitte, bestand aus zwölf kristallklaren Jaspissteinen. Der zweite Kreis hatte zwölf Saphire, der dritte zwölf Chalzedone, der vierte zwölf Smaragde. Der fünfte bestand aus Sardonyx, der sechste

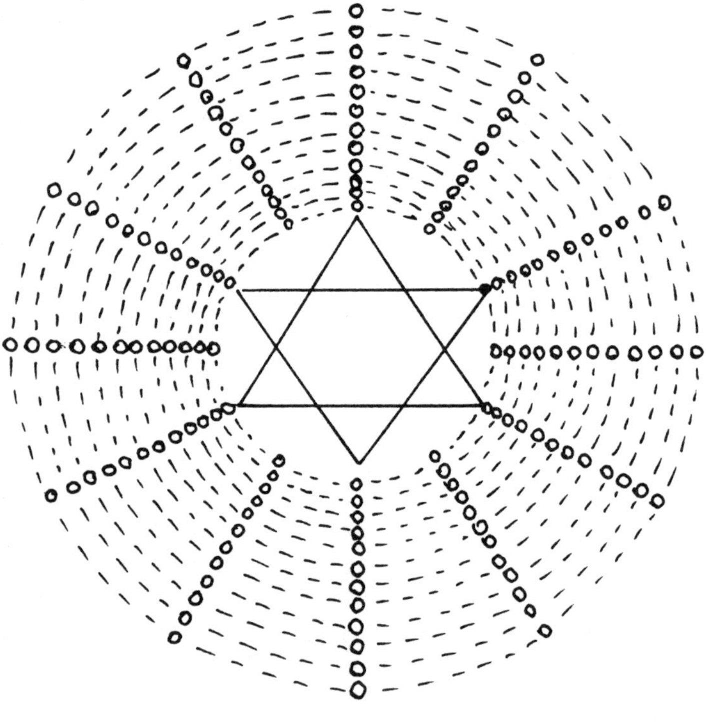

Grundriß des Inneren Heiligtums
= Tempel von Atlantis =

aus Sarder, der siebte aus Chrysolith, der achte aus Beryll, der neunte aus Topas, der zehnte aus Chrysopras, der elfte aus Hyazinth. Der zwölfte Kreis, 12 Ellen entfernt von der Wohnstatt Gottes, bestand aus Amesthyst.
Nähern wir uns den hier angegebenen Zahlen einmal von der kabbalistischen Betrachtungsweise und erkennen wir ihre Bedeutung:
12 mal 12 Edelsteine ergibt zusammen 144 Steine. Die Quersumme von 144 ist die 9 - die Zahl der Vollkommenheit. 9 ist 3 mal 3 - die dreifach potenzierte Trinität Gottes: Vater, Sohn (Logos) und Geist (Schechina = weibliche Kraft Gottes).
12 Kreise mal je 12 Ellen Entfernung ergeben wieder 144 - wieder die 9.
144 Ellen mal 12 Engel ergibt 1.728 = Quersumme 9.
144 (Ellen) mal 144 (Steine) ergibt 10.736: erste Quersumme daraus ist 17 = Glaube, Liebe, Hoffnung; die zweite Quersumme ist 8 - die Zahl der Unendlichkeit und Gerechtigkeit.
" Gottes Gerechtigkeit ist unendlich, und seine Unendlichkeit ist gerecht ".
Die Quersumme aller Buchstaben der Edelsteine ergibt die 11 = spirituelle Macht; und daraus entsteht wieder die 2 = Wissen.

Jedem der Edelsteine war namentlich ein Engel von Gott zugeordnet. Diese 144 Engel hatten die Aufgabe, den Menschen zu helfen, sie zu behüten und zu unterrichten. Jedem dieser Engel diente ein Loki.

Wenden wir uns nun der Regierungsform zu. Das Reich Atlantis war in zwölf Königreiche aufgeteilt, die jeweils von einem König regiert wurden. Diese Aufteilung darf man sich allerdings nicht als eine geographische vorstel-

Tempel von Atlantis mit Vorplatz

len. Sie richtete sich vielmehr nach bestimmten Aufgabengebieten, von denen noch die Rede sein wird.
Ein König des Reiches war König durch die Gnade und Ernennung Gottes. Niemand im Reich galt als höher oder geringer als andere. König zu sein war kein Previleg, sondern eine Aufgabe voller Mühen und Pflichten - eine Bürde. Zur Seite eines jeden Königs stand jeweils ein Engel, um ihn zu leiten und zu lehren. Diese zwölf Engel der Königreiche wurden nicht mit Namen benannt, um sie nicht einzugrenzen, sondern sie wurden gemäß ihren Zuständigkeiten angerufen:

Engel des Lebens
Engel der Freude
Engel der Sonne
Engel des Wassers
Engel der Erde
Engel der Luft
Engel der Ewigkeit
Engel der Kreativität
Engel der Liebe
Engel der Weisheit
Engel der Harmonie
Engel der Kraft

Jedes der zwölf Königreiche hatte also sein Aufgabengebiet, sein "Thema" in einem dieser Engelprinzipien, und der König war bei der Verwaltung seines Reiches zuständig für die Verwirklichung dieses Prinzips.
Einmal im Jahr kamen die zwölf Könige zum Reichstreffen in die Hauptstadt. Sie versammelten sich im Reichssaal, dessen Dach von zwölf Säulen getragen wurde. Unter jeder Säule, die den Namen eines der Reiche trug, stand ein Thron des entsprechenden Königs. Zwölf Tage lang hielten sich die Könige in

diesem Saal auf und berieten sich. Am dritten Tag zogen sie zu einer besonderen Feier in den Tempel. Dort erschien auch der Erzloki, um ihnen den Willen Gottes kund zu tun. War ein König gestorben, gab Gott durch den Mund des Erzloki den Namen des Nachfolgers bekannt; denn es gab kein erbliches Recht auf den Thron. Jeder konnte König werden, und deshalb wurde die Verkündigung eines neuen Königs stets von allen mit Spannung erwartet, und das Ergebnis wurde mit großer Freude gefeiert.
Der Erzloki gab aber auch Gesetze, Hinweise und Warnungen an die Könige weiter.
Nach diesen Kundgaben zog der Erzloki in Begleitung der 144 Lokis auf den großen Platz vor dem Tempel, auf dem schon eine Menge Volkes wartete.

Dort befand sich in der Mitte ein Mosaik aus blauen und goldenen Steinen in der Form eines sechseckigen Sternes (Hexagramm / Davidstern) mit den Siegeln der zwölf Engel der Königreiche in ihren verschiedenen Farben.
Die Lokis verteilten sich auf ihre den Engeln entsprechenden Plätze des Sterns. Der Erzloki nahm seinen Platz innerhalb des Mosaiks ein. Ihm zu Füßen legte man den Patienten - einen Kranken oder Verkrüppelten - jedweden Alters, und der Erzloki vollzog das große Engelritual zur Heilung dieses Menschen. Auftakt des Rituals war jedesmal ein Gesang zu Ehren Gottes. Währenddessen warteten die 12 Oberlokis bei den Edelsteinen, welche wie ein Brennglas die Kräfte der Engel verstärkten und gleichsam als Verbindungsglied zwischen der himmlischen und irdischen Ebene dienten. Diese komprimierten Kräfte wurden von den Oberlokis auf den Tempelplatz gelenkt. Durch das Vibrieren bestimmter geistsprachlicher

Großes Heilritual auf dem Tempelplatz

Laute der Ursprache (siehe Kapitel "Die Königsengel")wurden die Engel angerufen und um ihre Mithilfe gebeten. Die durch die Edelsteine transformierten Kräfte der Engel konnten nun eingesetzt werden, um direkt auf die Körperzellen einzuwirken und eine sofortige Heilung und Umformung des Körpers zu erzielen.
Das Ritual schloß wieder mit einem Gesang. Danach zog die Menschenmenge jubelnd in die Stadt und begleitete die Geheilten in ihre Häuser.
Man wird nun sicher fragen, wie es in diesem paradiesischen Reich überhaupt Kranke und Verkrüppelte geben konnte. Wie wir uns erinnern, war die materielle Ausgangsbasis des atlantischen Menschen ein primitiver, noch tierischer Körper, so wie er anfänglich überall auf dem Planeten Erde zu finden war. Ab und zu kam es später bei der Fortpflanzung der Atlantaner zu genetischen " Unfällen ", bei denen die ursprüngliche Form durchbrach und Störungen mit sich brachte.
Im Laufe der Zeit kamen nämlich zunehmend Bewohner anderer Erdteile auf ihren Reisen nach Atlantis. Ihre Mentalität unterschied sich grundlegend von der atlantischen, war geprägt von Kampfdenken und Machtstreben. Sie betonte die Stellung des," ICH " gegenüber dem " ALL-und-EINEN ".
Wie ein Bazillus infizierte dieses Denken nach und nach die Atlantaner. Vermischungen des Blutes fanden statt, deren Folge oft war, daß sich bei den Nachkommen krankhafte oder verkrüppelte Erscheinungsformen zeigten.
Konnten die so geschädigten Menschen noch geheilt werden, so vollzog sich doch im Laufe der Jahrtausende ein allmählicher Abstieg des Bewußtseins in eine immer materialistischere ganz auf Technik ausgerichtete Form.

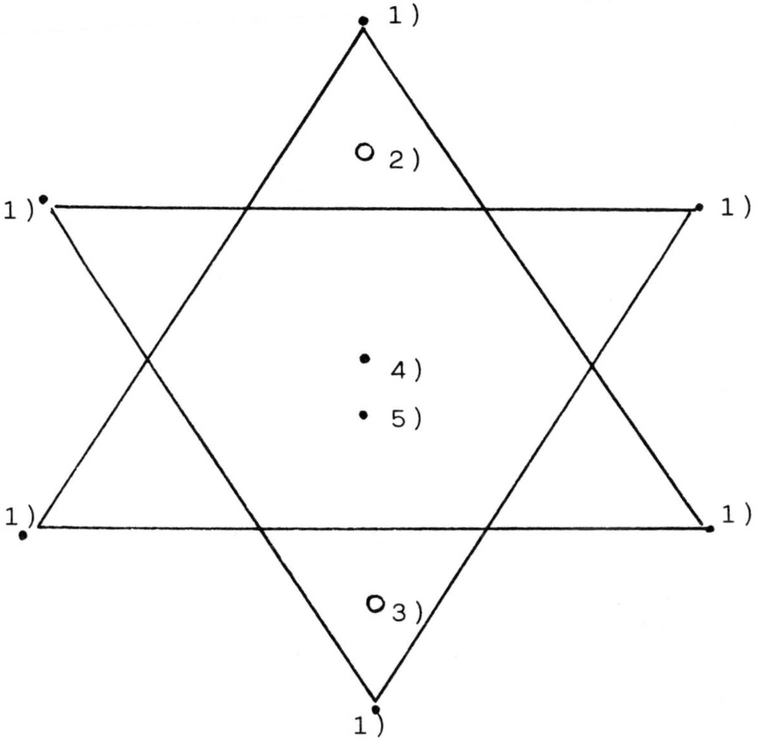

Mosaik auf dem Tempelvorplatz

1) Standplätze der Lokis und Engel
2) Platz des Himmlischen Vaters
3) Platz der Mutter Erde
4) Platz des Erzlokis
5) Platz des Patienten

Aus dem " Wir " bzw. " Er " wurde " Ich ". Angst und Tod waren die Folge. Der " Sündenfall " hatte stattgefunden.
Dem geistigen Verfall am Ende des zweiten atlantischen Zeitabschnitts folgte schließlich die katastrophale, physische Zerstörung des Kontinents, die unter anderem die Trennung der Kontinentalblöcke beschleunigte.
Die Eingeweihten jedoch hatten die Gefahren des Untergangs rechtzeitig vorhergesehen und das alte Wissen in andere Länder der Erde gebracht, um es vor dem " Vergessenwerden " zu bewahren. Spuren dieses Wissens erkennen wir heute noch in einigen alten Hochkulturen, bei Weisen und Schamanen und im Kern vieler Religionen und Überlieferungen. Erzählungen von Göttern (oft als Astronauten gedeutet), die vom Himmel kamen, bezogen sich auf die in ihren Fluggeräten gelandeten eingeweihten Atlantaner.
Unvorstellbar lange Zeit nach dem Untergang von Atlantis fand sich das alte Erbe auch bei einer kleinen Gemeinschaft auf dem Boden Palästinas wieder, und es erreichte die Menschheit durch die Lehren des " Größten ", der aus ihren Reihen hervorging: des langverheißenen Messias - Jesus.

Die Essener und Jesus

" In ferner Zukunft und fernem Land sende ich Ihn, der von mir ist. Ihr werdet Ihm den Weg bereiten und er wird das Angesicht der Erde erneuern! "

(Atlantisches Buch der Weissagung)

Die Gemeinschaft der Essener wurde bereits in der Antike schriftlich erwähnt und wurde mit der Auffindung der berühmten Schriftrollen vom Toten Meer wieder ein Gegenstand des öffentlichen Interesses. Gemeinhin werden die Essener als jüdische Sekte bezeichnet, die von Ihren Zeitgenossen beargwöhnt, vielleicht auch wegen ihrer besonderen Fähigkeiten beneidet wurden. Es ist bekannt, daß sie in abgesonderten Gemeinschaften mit strengen Regeln lebten und daß sie sich als eine Elite empfanden.

Dazu muß allerdings gesagt werden, daß sie ihren Mitbürgern gegenüber kein elitäres Gehabe an den Tag legten.

Sie selbst nannten sich " Jalad ", das heißt " Kind des Lichts ". Innerhalb der Essener gab es verschiedene Gruppierungen geistiger Richtungen, die unterschiedliche Einstellungen zu Politik, Durchsetzung von Ideen mit Waffengewalt, Reinkarnation und zum Zölibat hatten.

Das geheime atlantische Wissen war versprengt worden und in verschiedenen Kulturen erhalten geblieben, so auch in den Mysterienschulen und Einweihungstempeln des alten Ägypten, von wo es an den geistigen Begründer, dem " Leh-

rer der Gerechtigkeit ", der essenischen Glaubengemeinschaft gelangte.
Die Essener - alte atlantische Seelen - hatten sich zur Aufgabe gestellt, mit Hilfe der alten Geheimnisse ein Ausbildungssystem zu schaffen, das fähig sein würde, den Messias für seine Aufgabe vorzubereiten. Denn sie wußten, daß er aus ihrer Gemeinschaft hervorgehen würde. Der Messias galt in der jüdischen Tradition nicht nur, wie oft von der Kirche dargestellt, als ein " Erlöser ", sondern er war darüber hinaus auch rechtmäßiger Erbe des Thrones von Israel. Jesus stammte durch seine Mutter in direkter Nachfolge vom Königshause Davids ab. Er hatte somit ein Anrecht auf den Thron und wurde auch als König gesalbt. Deshalb hatte der von Rom eingesetzte Herodes solche Angst um seinen Thron und heiratete eine Makkabäerprinzessin, um seinen Anspruch zu sichern.
Die Essener kannten diese Zusammenhänge und waren bemüht, dem Messias eine angemessene Erziehung in Abgeschirmtheit und Sicherheit zu ermöglichen. (Nach den Erfahrungen des Kindermordes in Bethlehem) Deshalb lebten sie, in gewisser Reserviertheit gegenüber den anderen Juden, in eigenen dörflichen Gemeinwesen nach ihren eigenen Regeln und unterhielten verschiedene Ausbildungsstätten, wie zum Beispiel das berühmte Qumran. Verbindungen zu den Eingeweihten Ägyptens bestanden immer noch. Heliopolis war eine Ausbildungsstätte der Essener auf ägyptischem Boden. Die dort lebenden Essener wurden jedoch " Therapeuten " genannt.
Aus Atlantis übernahmen die Essener das System der Engelkommunionen mit den zwölf Engeln der alten atlantischen Königreiche. Die Essener kommunizierten sechs Tage lang jeden Morgen mit einem Engel der Mutter Erde und

jeden Abend mit einem Engel des Himmlischen - Vaters und am Sabbat (beginnend mit Freitagabend) mit dem Himmlischen Vater und der Mutter Erde selbst.
Die Zuordnung der Engel zum Himmlischen Vater und der Mutter Erde (siehe auch Kapitel " Die Königsengel") nahmen die Essener gemäß ihrem Verständnis von den beiden kosmischen Energieprinzipien "Männlich / Weiblich" vor.
Diese beiden Prinzipien sind auch heute noch im Wissen verschiedener Kulturen verankert. Wir finden es zum Beispiel in dem chinesischen Symbol von Yin und Yang. In den Texten der Essener finden wir darum sowohl ein " Vater unser " wie auch ein " Mutter unser", ja sogar ein gemeinsames
" Vater-Mutter unser ":

Unser Vater, der du bist in den Himmeln, geheiligt sei dein Name. Dein Reich komme. Dein Wille geschehe auf Erden wie in den Himmeln. Gib uns heute unser täglich Brot. Und vergib uns unsere Schulden, wie auch wir vergeben unseren Schuldnern. Und führe uns nicht in Versuchung, sondern erlöse uns von dem Übel. Denn dein ist das Reich und die Kraft und die Herrlichkeit, in Ewigkeit. Amen.

Unsere Mutter, die du bist unsere Erde, geheiligt sei dein Name. Dein Reich komme, und dein Wille geschehe in uns, wie in dir. Da du jeden Tag deine Engel aussendest, so sende sie auch zu uns. Vergib uns unsere Sünden, wie auch wir alle unsere Sünden gegen dich sühnen müssen. Und führe uns nicht in Krankheit, sondern erlöse uns von allem Übel. Denn dein ist die Erde, der Leib und die Gesundheit. Amen.

Unser Vater-Mutter, das du über uns und in uns bist, geheiligt sei dein Name in zweifacher Dreieinigkeit.[1] Dein Reich komme in uns in Weisheit, Liebe und Eintracht. Dein Wille geschehe wie in den Himmeln, so auch auf der Erde. Gib uns täglich dein heiliges Brot und die Frucht des lebendigen Weinstocks. Und wie du uns vergibst unsere Schulden, so vermögen auch wir zu vergeben allen, die gegen uns schuldig werden. Gieße deine Güte aus auf uns, damit wir desgleichen tun. In der Stunde der Versuchung erlöse uns von dem Üblen. Denn dein ist das Reich, die Kraft und die Herrlichkeit: von Ewigkeit zu Ewigkeit. Jetzt und in alle Ewigkeit. Amen.

[1] Vater-Sohn-Geist, Mutter-Kinder-Leben

Jeden Mittag hielten die Essener eine Betrachtung über einen Frieden, denn er hatte für sie sieben verschiedene Aspekte:

Freitagmittag	Frieden mit dem Körper
Samstag	Frieden mit dem Himmelreich
Sonntag	Frieden mit dem Erdenreich
Montag	Frieden mit dem Kosmos
Dienstag	Frieden mit der Menschheit
Mittwoch	Frieden mit den Angehörigen
Donnerstag	Frieden mit dem Geist

Die ständige Verbindung mit den Engeln befähigte die Essener zu außergewöhnlichen Handlungen, wie z.B. geistigem Heilen, und auch zu intensiver Zusammenarbeit mit Tieren und Pflanzen. Gesundheit und hohes Alter waren bei ihnen an der Tagesordnung. Ja, sie waren sogar imstande, die Schwerkraft zu überwinden, wie es die Atlantaner konnten. Solche " Wundertaten" erregten natürlich die Mißgunst anderer geistiger Gruppierungen, insbesondere der Priester und Schriftgelehrten. Die Essener unterhielten in verschiedenen Orten eine Art von Herbergen, in denen Reisende Aufnahme und Verpflegung fanden und Kranke behandelt wurden. In solchen Herbergen konnte auch Jesus mit seiner großen Anhängerschar unterwegs auf seinen Wanderungen rasten. Außerdem existierten essenische Handelshäuser und Handelsschiffe, die mit den damals bekannten Ländern Handel trieben. Der erzielte Gewinn floß der Gemeinschaft zu. In diesen Handelshäusern bekamen die Essener kostenlos ihre Kleidung und Gegenstände des täglichen Bedarfs gestellt.
Zur Zeit Jesu war Qumran bereits verlassen. Die Begabtesten der heranwachsenden Essener - so auch Jesus - wurden von ihren Eltern zur Ausbildung in den " Karmel " gesandt. Diese

Ausbildungsstelle gehörte zu den Nazaröern, einer nicht militanten und nicht zölibatären Essenergruppe. In den Bibelübersetzungen ist fälschlicherweise von " Jesus von Nazareth " die Rede. In Wirklichkeit entstand der Ortsname Nazareth aber erst ungefähr im 3. Jahrhundert. Richtig übersetzt heißt es in den Originaltexten " Jesua, der Nazaröer ". An dieser Stelle möchte ich auch gleich berichtigen, daß sein Vater Zimmermann gewesen sei und Jesus diesen Beruf ebenfalls erlernt habe. Übersetzt bedeutet das entsprechende Wort zwar Zimmermann, aber auch Lehrer, und damit ist auch klarer, woher Jesus die entsprechende Vorbildung zum essenischen Meister besaß. Das auf dem Berge Karmel, nahe am Meer gelegene Zentrum kann man sich als eine Art klösterliche Universität vorstellen, in der " Meister " die Jugend im geheimen Wissen unterwiesen. Wer den Karmel als Eingeweihter verließ, war gründlich vertraut mit der Kabbala, den Geheimnissen der Zahlen, der Astronomie und Astrologie, der Kraft der Edelsteine; er beherrschte das Heilen ebenso wie das Hellsehen; er kannte die geheimen Zusammenhänge von Herkunft und Ziel der Menschheit; selbstverständlich wußte er alles, was ein frommer Jude von Bibel und Gesetz wissen mußte, und er sprach verschiedene Sprachen, unter anderem auch Griechisch, die damalige Sprache der gelehrten Welt.
Wer zum Meister (Zadok) ausgebildet wurde, verfügte über das gesamte, zu jener Zeit noch erhaltene Geheimwissen und war berechtigt, das Abendmahl zu zelebrieren. Auch Jesus, dessen Sendung und wahres Wesen einigen wenigen Eingeweihten offenbar war, wurde essenischer Meister.
Sein Leben wich im äußeren Verlauf zunächst nicht von dem eines jeden anderen Esseners

ab. Dazu gehörte auch, daß er im üblichen Alter von 18 Jahren heiratete, nämlich Myriam, die ihm auf dem Berge Karmel begegnete. Für viele mag die Vorstellung eines verheirateten Jesus schockierend sein. Bedenken wir jedoch, daß seine Aufgabe erforderte, mit allen Erfahrungen eines normalen Menschen vertraut zu sein. Irdische Liebe zu erfahren war notwendig, einmal, weil sie sonst eine ständige Versuchung für ihn gewesen wäre, zum anderen, weil sie ein Teil der göttlichen Liebe ist, herabgebracht in die materielle Ebene und uns Menschen näher als die rein geistige Liebe, also nichts, was ausgeklammert werden durfte.

"Und Gott nahm ihm die Myriam nach sieben Jahren, damit er seine Aufgabe erfüllen konnte", sagt die essenische Schrift weiter. Jesus kam, um die Menschen, die aus dem Bewußtsein ihres " Einsseins " mit Gott herausgefallen waren, wieder zu dieser Einheit mit dem Vater zurückzuführen. Der Mensch hat seinen Ursprung in Gott, er ist ein Teil von ihm, Geist von seinem Geist. Aber durch das Aufspalten des Einen Geistes in viele Wesen, viele Seelen, durch das Bewußtsein der Vielheit, der Unterschiedlichkeit fällt der Mensch aus seiner Unschuld heraus. Er verfällt der Wertung von " Gut und Böse " und somit der Polarität.

Als Symbol des Weges zur Einheit mit dem Vater wählte Jesus das Kreuz: Schnittpunkt zweier Ebenen - der geistigen und der materiellen - zweier Richtungen - oben und unten - und zweier Zeiten, der Ewigkeit und der Vergänglichkeit.

Aber das ist noch nicht alles.

Ziehen wir eine Linie von den beiden Enden der Hände des Gekreuzigten zu seinem Kopf, ergibt sich ein Dreieck, das mit der Spitze nach oben zeigt - Symbol des Gebens. (identisch mit der ägyptischen Hieroglyphe: geben)

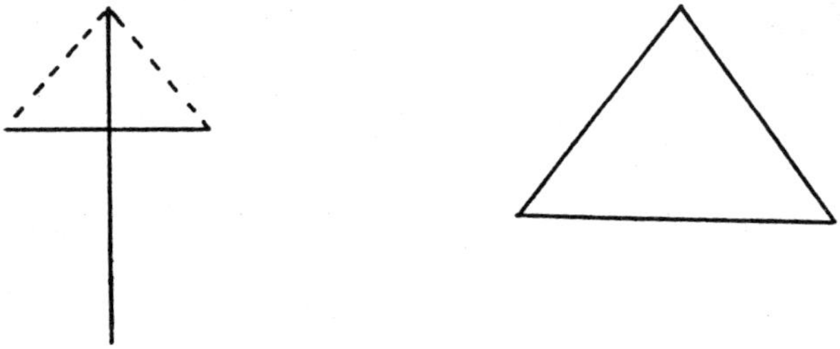

Wir halten in gleicher Form bei unseren Bitten unsere gefalteten Hände.
Verbinden wir die Hände mit den Füßen des Gekreuzigten, ergibt sich ein nach unten weisendes Dreieck - Symbol des Nehmens.

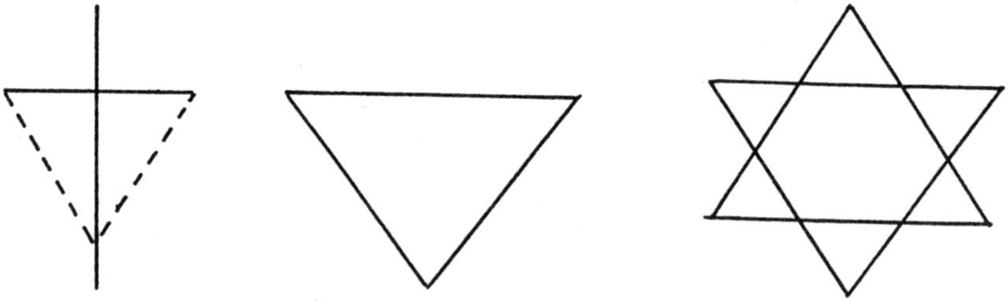

Schieben wir die beiden Dreiecke etwas übereinander, ergibt sich die Figur des sechsekkigen Davidsterns in der Esoterik auch Hexagramm (Zeichen für Mikrokosmos/Makrokosmos) genannt.
Dieses Symbol ist uns schon in Atlantis begegnet und symbolisierte dort, ebenso wie bei den Essenern, die sechs Engel des Himmlischen Vaters und die sechs Engel der Mutter Erde.
Jedes Ding in der materiellen Welt besitzt ein Gegenstück in der geistigen Welt und umgekehrt. (Hermes Trismegistos: " Wie oben so unten, wie unten so oben.") So besaß das ir-

dische Hexagramm je eine Spitze für einen Engel der Mutter Erde und das geistige Hexagramm je eine Spitze für einen Engel des Himmlischen Vaters. Der bekannte kabbalistische Lebensbaum ist eine hieraus entstandene, erweiterte Figur des ursprünglichen Hexagramms, dem ein weiteres Dreieck (Metatron, Engel des Angesichts = Erzloki, Mutter Erde und Himmlischer Vater), sowie die Position des Ego hinzugefügt wurden.
Geben und Nehmen sind im Hexagramm ausgewogen - im Gleichgewicht. Gleichgewicht bedeutet Vollkommenheit. Der Weg besteht also darin, unsere Vollkommenheit wieder herzustellen, indem wir den menschlichen Zustand des Leidens (der Kreuzigung) transformieren in den göttlichen Zustand der Harmonie.
Was Jesus uns aufzeigen wollte, war dieser Weg durch sein Leiden am Kreuz. Nicht sein Tod war wesentlich, denn Jesus starb nicht am Kreuz.
Vielmehr transformierte er seinen physischen Körper in einen " geistigen " von so strahlendem Licht, das alle, die ihn nach der " Auferstehung " sahen, geblendet waren. Er brachte den Körper, den der Mensch einst zu eigen hatte, wieder zurück in die materielle Ebene und wies damit den Weg zu einer künftigen Entwicklung des Menschengeschlechts.
(Offenbarung 21. : " Und ich sah einen neuen Himmel und eine neue Erde, denn der erste Himmel und die erste Erde vergingen " - " Siehe ich mache alles neu. ")
Seine für unser Zeitalter angekündigte Wiederkunft ist auch die Ankündigung eines neuen Bewußtseins und einer körperlichen Existenz, die das " todlose " Leben des ganz vom Geist geprägten atlantischen Menschen wieder zurückbringt.

Der Seher Nostradamus schildert in seinen Centurien dieses Leben wie folgt:
" Der Körper ohne Seele wird nicht mehr ein Opfer der Vergänglichkeit sein, Der Todestag wird in einen Geburtstag verwandelt: Der göttliche Geist läßt die glückliche Seele das Wort in seiner ewigen Bedeutung erschauen. - Wenn der Körper, die Seele und der Geist alle Macht haben, wird es unter den Füßen der Menschen ebenso sein wie droben auf dem Himmelsthron. " (Centurie 2,13)
Ebenso weisen auch andere Seher und Lehrer der Menschheit darauf hin.
So ist Jesus der Mittler zwischen Paradies und Erde, zwischen einst und jetzt. Als er sagte: " Ich bin der Weg ", forderte er die Menschen auf, seinen Weg zu beschreiten, beziehungsweise selbst dieser Weg zu werden.
Wenn uns nun klar wird, daß wir dieses Bewußtsein der Einheit mit Gott wieder erreichen können, dann ist die Kommunikation mit den himmlischen Wesen nichts Absonderliches oder gar Verwerfliches mehr. " Siehe ich sende einen Engel vor dir her, der dich behüte und geleite an den Ort, den ich dir bereitet habe. " sagt die Bibel (Exodus 23, 20) und weist damit auf den Schutzengel hin, der jedem von uns zugeteilt wurde. Auch das bekräftigt unser Recht, mit Engeln zu verkehren. Weder Gott noch seine Engel sind durch Abgründe von uns getrennt. Nur wir haben sie durch unsere Denkungsart so weit von uns gerückt. So können wir, geprägt durch die Lehren der Kirchen, uns kaum vorstellen, daß Engel nicht nur höhere Aufgaben haben. Allenfalls können wir uns noch denken, daß ein Engel einem Staatsoberhaupt bei seinen wichtigen Regierungsgeschäften beistehen könnte. Und wieder vergessen wir dabei, daß " Hoch und Niedrig " nur in unserem Denken exi-

stiert.
" Wie oben so unten, wie unten so oben ", sagt Hermes Trismegistos.
Das Bewußtsein der einstigen Einheit mit Gott drückt der Volksmund heute noch treffend durch das Sprichwort aus: " Hilf dir selbst, so hilft dir Gott. "
Die christlichen Kirchen, einst ins Leben gerufen, um diese geistige Einheit des Menschen in der äußeren Welt zu manifestieren, rückten von dieser Vorstellung ab und beanspruchten die Mittlerschaft zwischen Gott und den Gläubigen. Nicht mehr der Mensch selbst, sondern sie bestimmen, wer Zugang zu Gott erlangt. Unbotmäßigkeit und selbständiges Denken wurden Jahrhunderte lang mit Strafen und Androhungen der ewigen Verdammnis geahndet. Es erwuchsen machtvolle Organisationen, die Folgsamkeit gegenüber ihrem Lehramt forderten und mit Angst vor Strafen die Scharen der Gläubigen reglementierten. Einengung trat an die Stelle der Freiheit der Seele.
Nur mit sehr viel Mühe läßt sich in so einem beengenden Gefüge noch finden, was einst Kernwahrheit aller Religionen war und nie ganz verloren ging:
Gott und seine Schöpfung sind eins.

Engelwesen

" Und Gott erschuf die Engel-
Kraft aus seiner Kraft -
Licht aus seinem Licht. "

(Atlantisches Buch der Entstehung)

Was ist das überhaupt - ein Engel?
Das Wort Engel (englisch = angel, lateinisch = angelus) setzt sich zusammen aus den Wörtern der atlantischen Ursprache: " Ang " = Leben (auch das ägyptische Symbol Ankh = Schlüssel des Lebens, ist eine Ableitung hiervon) und " El " = Gottes Licht. Frei übersetzt hieße Engel also "Lebendiges Gotteslicht" oder " Gottes Licht, das Leben spendet ".
Aus unserer Kindheit sind die Engel uns vertraut. Wer kennt nicht das Schlafzimmerbild vom Schutzengel, der Kinder über einen reißenden Wildbach geleitet? Wer hätte nicht schon den Ausspruch gehört: " Da hast du aber einen guten Schutzengel gehabt! ", wenn er noch einmal heil aus einer gefährlichen Situation herausgekommen ist. Und doch haben die meisten Menschen die Engel zusammen mit dem Weihnachtsmann und den schönen Märchenfiguren sehr bald in das Reich der Phantasie abgeschoben.
Gibt es denn wirklich Engel?
Die Bibel berichtet immer wieder von Engeln, von ihrem Auftreten unter den Menschen, und sie werden nicht nur als liebliche Wesen geschildert, sondern auch sehr oft als furchterregend, gewaltig und kämpferisch, sich erhebend für Gott.

Lassen wir hier eine alte essenische Beschreibung einer Vision des Himmels für sich sprechen.

Psalm

Vollkommenes Licht, gemischte Farben einer höchst heiligen Substanz. Hohe Orte des Wissens. Und an seinem Schemelfuße die Erscheinung der herrlichen Gestalt des Obersten des Reiches der Geister: Michael. Seine Herrlichkeit. Und in all ihren Wendungen die Tore der Ewigkeit. Die Lichtblitze, die dem Obersten der gottähnlichen Wesen voraus eilen. Zwischen ihnen laufen die gottähnlichen Wesen wie feurige Kohlen einher, die sich umher bewegen. Die Geister heiligster Heiligkeit Gottes. Geister heiligster Heiligkeit, göttliche Geister, eine ewige Vision Gottes und göttliche Geister, Gestalten flammenden Feuers ringsum strahlend. Wunderbare Geister. Und der Tabernakel der höchsten Erha-

benheit, die Herrlichkeit seines Königreiches, der Himmel der Ewigkeit. Und er heiligt die sieben erhabenen heiligen Orte. Und da ist eine Stimme des Segens von dem Obersten seines Himmels: Metatron. Und die Stimme des Segens ist herrlich im Hören der gottähnlichen Wesen und den Räten. Stimme des Segens. Und alle Ausstattung des Himmels eilt mit wunderbaren Psalmen herbei. Himmel des Wunders, Himmel zu Himmel mit dem Ton heiliger Vielfaltigkeit. Und alle Ausstattung und die Wagen Seines Himmels loben zusammen und ihre Cherubim und ihre Ophanim segnen wunderbar mit seiner Kraft die Obersten des göttlichen Bauwerks. Und sie preisen ihn im göttlichen Himmel alle Zeit. Weisheit erhalten vom Lehrer. Lied des Opfers des 8. Sabbats am 23. des 2. Monats. Lobet all der erhabenen Himmel, alle ihr ewigen Heiligen, zweite unter den Priestern des inneren Heiligtums, zweiter

Rat in der wunderbaren Wohnstatt unter den Sieben Fürsten, unter allen, die das Wissen haben von den ewigen Dingen. Und lobpreiset ihn, oh ihr Hauptfürsten mit Seinem wunderbaren Anteil. Lobet den Gott der Elohim, oh ihr sieben Priesterschaften des inneren Heiligtums des Himmels. Erhabenheit, sieben wunderbare Gebiete gemäß dem Brauch Seiner Heiligtümer, die Obersten der Fürsten der wunderbaren Priesterschaft Gottes. sieben Priesterschaften im wunderbaren Heiligtum für die sieben heiligen Räte des Himmels. Der Fürst, die Engel des Königs in den wunderbaren Wohnstätte. Und das einsichtsvolle Wissen der sieben heiligen Fürsten. Hauptsegen des Priesters des inneren Heiligtums. Und die Obersten der Gemeinde des Königs in der Versammlung des Himmels. Und verzückte Lobpreisungen für den König der Herrlichkeit und Verherrlichung für den Gott der Fürsten und Räte, für den Gott der Elohim, König der Reinheit. Und das Opfer ihrer Zungen ertönt, sieben Mysterien des Wissens im wunderbaren Mysterium der sieben heiligsten Bezirke des Himmels. Und die Zunge des ersten Engelfürsten wird siebenfach werden in der Vereinigung mit der Zunge dessen, der ihm Zweiter ist.

Sie zögern nicht, wenn sie sich erheben zu loben die Himmel aller Priester des inneren Heiligtums Gottes. Durch strenge Regel sind sie fest im Dienste von Gott. Sie sind wie ein Sitz, wie sein königlicher Thron in seinen herrlichen Himmeln. Sie sitzen nicht still. Seine glorreichen Wagen ziehen durchs Heiligtum. Heilige Cherubim, leuchtende Ophanim im Himmel der gottähnlichen Geister. gottähnliche Wesen der Reinheit Gottes. Lob der Heiligkeit, der Bau seiner Eckpfeiler, königliche Throne, die herrlichen Sitze der Wagenthrone mit den Flügeln des Wissens Got-

tes, wunderbare Kräfte seiner Macht. Wahrheit und Rechtschaffenheit, ewiglich. Wenn seine glorreichen Wagen sich bewegen, wenden sie sich nicht zur Seite, sie fahren geradeaus vom Angesicht. Weisheit erhalten vom Lehrer. Gesang des Opfers des 12. Sabbats am 21. des 3. Monats. Lobet den Gott des Universums mit seinen wunderbaren Mächten. Und lobpreiset Ihn in seiner Herrlichkeit im Tabernakel des Gottes des Wissens. Die Cherubim fallen vor Ihm nieder und segnen. Wenn sie sich erheben, wird der Ton der göttlichen Stille gehört und es ist ein Lärm von Jubel, wenn ihre Flügel sich erheben, der Ton der göttlichen Stille. Das Bild des Wagenthrons segnen sie, welches über dem Firmament der Cherubim ist. Und den Glanz des leuchtenden Firmaments besingen sie, welcher unter seinem herrlichen Sitz ist. Und wenn die Räder sich bewegen, kehren die heiligen Engel zurück. Sie gehen aus von seinen herrlichen Naben. Wie die Erscheinung von Feuer sind die heiligsten Geister ringsum, die Erscheinung von Strömen von Feuer wie Licht. Und da ist eine strahlende Masse mit herrlichen Farben, wunderbar gefärbt, rein gemischt, die Geister von lebenden gottähnlichen Wesen, die sich ständig mit der Glorie der wunderbaren Wagen bewegen. Da ist ein stiller Ton des Segens im Tumult ihrer Bewegung. Und sie loben Seine Heiligkeit, wenn sie auf ihre Pfade zurückkehren. Wenn sie sich erheben, erheben sie sich wunderbar, und wenn sie sich niederlassen, stehen sie still. Der Ton glücklichen Frohlockens fällt still, und da ist eine Stille göttlichen Segens in allen Teilen der gottähnlichen Wesen, und der Ton der Lobpreisung erschallt von allen ihren Abteilungen auf ihren Seiten und alle ihre Herrscharen frohlocken, jeder auf seinem Platz.

Die Überlieferung sagt, daß Gott als ersten der Engel Satanael schuf und ihn mit großer Macht ausstattete und zum Fürsten über alle anderen Engel setzte. Sein Name bedeutet " Engel Gottes ". Die Endung " el " bei einem Engelnamen weist darauf hin, daß dieser Engel Gott näher ist als allem anderen, denn " el " bedeutet wörtlich " von Gott ". Satanael war auch der erste der Erzengel.
Als Gott die Menschen erschaffen hatte, gab er den Engeln den Auftrag, ihnen zu dienen. Satanael jedoch verweigerte den Gehorsam, denn er hielt den Menschen für ein Geschöpf, das geringer war als er und dem er keine Ehre erweisen konnte. Er rief alle Engel, auf von Gott abzufallen und ihn, Satanael, als neuem Herrscher zu folgen. Die Legende berichtet nun von einem gewaltigen Kampf unter den Engeln. Gott hatte dem Erzengel Michael befohlen, Satanael zu stürzen und ihm die Fürstenkrone zu nehmen. Aber Michael verlor den ersten Kampf gegen Satanael. Er beklagte sich bei Gott, daß er ihn nicht mit genügender Macht und Stärke ausgerüstet habe, um gegen so einen Gegner zu bestehen. Und Gott erhob nun Michael in den Stand eines Fürsten der Heerscharen und stattete ihn mit großer Kraft aus. Beim zweiten Kampf gewann Michael, und Satanael stürzte hinab auf die Erde, und sein Name war fortan Satan. Oft wird er auch "Luzifer" genannt. Das bedeutet "Lichtbote" und weist auf seine Herkunft hin.
Ursprünglich gab es sieben Erzengel. Mit dem Sturz Satanaels änderte sich die Rangfolge. Michael, der bisher zweite, wurde zum ersten der noch verbleibenden sechs Erzengel. Sein Name kommt vom hebräischen "Mika - el", das bedeutet "Wer ist wie Gott?". Er ist der Kämpfer, gesetzt über die Erde und besonders

über Israel. Er nimmt die Seelen der Verstorbenen in Empfang.
Der dritte, nun zweite Erzengel ist Gabriel, der Verkünder. Sein Name leitet sich ab von "gibor", was " Gottes Kraft" bedeutet. Charakteristisch für sein Auftreten ist der Satz " Der heilige Geist wird über dich kommen. " Er ist gesetzt über das Paradies, über die Schlangen und über die Cherubim, von denen später noch die Rede sein wird.
Der vormals vierte Erzengel, Raphael, sagt von sich selber: " Ein Begleiter der Wanderer bin ich, heile die Kranken. " So bedeutet auch sein Name " Gott heilt ". Er ist über die Geister der Menschen gesetzt.
Der fünfte Erzengel, Uriel (oft auch als Ariel oder Auriel bezeichnet), ist der Hüter der Akasha - Chronik, und sein Name bedeutet " Gottes Licht ". Sein Leitsatz ist: " Die Liebe flammt in Feuersglut ", und mit seinem Licht befreit er von Dämonen. Er ist der Anführer des Engelheeres und Herrscher über die Unterwelt.
Der sechste, nun fünfte Erzengel ist Sariel, gesetzt über die Geister, die gegen Gott gesündigt haben.
Der siebente ist Raguel. Sein Name bedeutet " Rache Gottes ". Rache ist hier nicht im menschlichen Sinne als niedere Rachsucht zu verstehen, sondern als Ausgleich.
Die Erzengel gehören zu den " Ersterschaffenen ", ebenso wie die im Folgenden genannten Engel. Zu ihnen gehört Jehudiel, sein Name bedeutet: " Denen, die Gott loben, verleihe ich den Lohn ", sowie Sealthiel, dessen Name bedeutet: " Gebeugt flehe ich zu dir ", er ist der Engel der Demut. Ferner Remiel, den Gott zum Herrscher über die Auferstandenen gesetzt hat. Besonders wichtig scheint mir Barachiel zu sein, denn sein Name bedeutet:

" Helfer verlaß uns nicht ", und er wird in höchster Not angerufen. Zu den Ersterschaffenen gehört außerdem noch Raziel, " Gott ist mein Wohlbehagen ". Von ihm heißt es, daß er Adam bei der Vertreibung aus dem Paradies ein Buch gegeben habe, " in dem alle Heilkräutlein verzeichnet gegen jegliche Krankheit ".
Eine besondere Stellung nimmt ein Engel ein, dessen Name nicht mit " el " endet: Metatron. Er ist der " Fürst des Angesichts ", der Schreiber Gottes, der Archivar, der unseren Lebensfilm aufzeichnet. Mit ihm zusammen wirkt Radweriel, der Aufbewahrer des Buches der Aufzeichnungen.
Metatron war nicht immer ein Engel, sondern ein Mensch, nämlich der bibliche Henoch, der aufgrund seines außergewöhnlichen Lebenswandels zum Engel erhoben wurde.
Bevor wir nun auf die verschiedenen Engelklassen eingehen, müssen wir ein paar grundsätzliche Bemerkungen über die himmlische Hierachie vorausschicken.
Alle Vorstellungen von Hierachien entstammen allein unserem menschlichen Denken. Wir, die wir an Raum und Zeit gebunden leben, können uns nur ein " Oben und Unten ", ein " Nah und Fern " vorstellen. Die Naturwissenschaften unseres Jahrhunderts haben jedoch entdeckt, daß die uns so vertrauten Gesetzmäßigkeiten von Raum und Zeit nur bedingt zutreffen. Durch Einsteins Relativitätstheorie, durch die Raumfahrt und die moderne Quantenphysik ist unser gewohntes Weltbild genauso erschüttert worden, wie es vor einigen Jahrhunderten durch die Entdeckung einer Erde, die rund ist und um die Sonne kreist, erschüttert wurde.
Wie relativ unser Zeiterleben ist, möge hier nur kurz durch ein Beispiel demonstriert werden:
Ein Astronaut, der die Erdatmosphäre verläßt

und sich ins Weltall begibt, unterliegt einem anderen Zeitverlauf. Verbringt er dort beispielsweise 5 Jahre, so vergehen inzwischen 25 Jahre auf der Erde. Verlängert sich sein Aufenthalt dort zum Beispiel auf 25 Jahre, so ist auf dem Erdball ein potenzierter Zeitraum von bereits 496 Jahren vergangen.
Raum und Zeit sind relativ und in der geistigen Ebene existieren sie nicht. Außerhalb unserer Materieebene gibt es auch nicht abgegrenzte Ebenen, wie es in der Esoterik gern behauptet wird. Dort ist alles ohne Begrenzung - fließend, vergleichbar einem Bach, dessen Wasser sauberer, reiner und klarer wird, je näher man zur Quelle kommt.
Es gibt infolgedessen auch keine Hierachie.
Engel sind Kräfte mit einem individualisierten Bewußtsein. Kräfte aber können ineinander fließen, können sich teilen und gleichzeitig an verschiedenen Orten wirken. Daher kann auch ein Engel, wenn er gerufen wird, gleichzeitig in Brasilien und hier bei uns sein.
Alle Klassifizierungen von Engeln beziehen sich nur auf die Art ihrer Kraft und ihres Wirkens. Ein für unser Denken " einfacher " Engel ist nicht weniger wert als ein Erzengel. Nur ihre Kräfte und ihre Aufgabengebiete unterscheiden sich. So ordnet sich die Kraft des Engels natürlicherweise der Kraft des Erzengels unter. Versuchen wir das mit einem Vergleich aus der Technik zu verdeutlichen:
Fließen durch eine Stromleitung 380 Volt und wird ein Strom von 12 Volt zugeleitet, so wird die Gesammtleistung nach wie vor 380 Volt betragen. Die kleinere Kraft fügt sich der größeren ein.

Auf den ersten Blick scheint die Klassifizierung der Engel äußerst verwirrend zu sein. Es gibt Berichte über Seraphim, Cherubim, Opha-

nim, Throne, Irin, Quddischin, Herrschaften, Gewalten, Fürstentümer, Mächte, Engel und Erzengel.
Beginnen wir mit den Seraphim. Sie sind die Engel der Liebe und bilden die höchste Engelgruppe. Seraphim leitet sich vom hebräischen "seraph" ab, was soviel wie brennen bedeutet. Wenn schon menschliche Liebe sehr heiß brennen kann, wieviel mehr dann göttliche Liebe. Liebe ist die größte und stärkste aller Kräfte, und daher sind die Seraphim Gott am nächsten.
Die Cherubim sind " Gottes Reittiere ", tragen seinen Willen in alle Ebenen. Sie sind die Engel der Weisheit und hüten die Schwelle zum Himmel.
Den Elohim, den Engeln der Heimführung werden die Seelen der Menschen nach dem Tode anvertraut.
Der Name Quddischin bedeutet " Heilige " und bezeichnet die Engel, deren Aufgabe es ist Gott zu loben und zu preisen mit ihrem " Heilig, Heilig, Heilig ".
Die Throne sind die " Richtspruchverwalter " der geistigen Gesetze Gottes.
Die Irin sind die Wächter des Himmels.
Dann gibt es noch die Ophanim, übersetzt: " Räder ". Sie dienen als Brücke zwischen Engel und Menschen, als Verbinder von Himmel (göttliche Ebene) und Erde (materieller Ebene). Engel, deren Namen mit " el " enden, benötigen einen Ophanim, um in unsere Welt hineinwirken zu können.
Die Ophanim haben auch Einfluß auf unsere " Räder " : die Chakras. (siehe Kapitel " Angleichung der Ebenen ")
Die Klasse der Engel unterteilt sich nach ihren Kräften und Aufgaben in Herrschaften, Fürstentümer, Gewalten und Mächte.
Eine besondere Gruppe innerhalb der Engel

sind unsere Schutzengel. Ihr oberster Fürst ist Sandalphon. Erinnert sein Name nicht an leise Schritte, die sich uns nähern?
Schutzengel haben besondere Regeln, die sie im Umgang mit uns Menschen beachten müssen. Es ist ihnen nicht erlaubt, hinter dem Rücken ihrer Schutzbefohlenen zu stehen und auf ihr Haupt zu blicken, weil sie den Einfluß des Wahren und Guten der Verbindung Gottes zu unserer Seele stören könnten. Der Schutzengel darf sich uns nur von vorne, von der Seite oder von oben nähern. Nur mit ausdrücklicher, besonderer Erlaubnis Gottes darf er hinter dem Menschen stehen. Nähert sich ein Geistwesen von hinten, ist das ein Kennzeichen seiner dunklen Kraft. Das bekannte Schaudern im Rücken ist oft ein Warnzeichen dafür.
Je nach der Lebensaufgabe eines Menschen gehört dessen Schutzengel zu einer von vier Erzengelklassen.
Ein Mensch, der sich für sein Leben den geistigen Kampf gewählt hat, wird einen Michaeliten haben. Jemand, dessen Aufgabe es ist, zu verkünden, als Lehrer oder Priester usw., erhält einen Gabrieliten. Menschen in Heilberufen haben gewöhnlich einen Raphaeliten als Schutzengel. Unter dem Schutz eines Urieliten stehen Menschen mit spirituellen Lebensaufgaben.
Von allen Engeln stehen naturgemäß die Schutzengel dem Menschen am nächsten. Demzufolge haben ihre Namen auch deshalb nicht die Endung " el ".
Engel geben ungern ihren Namen preis, weil er eine Einengung ihrer Kraft mit sich bringt.
Rede ich jemanden mit seinem Namen an, so umreiße ich damit exakt die Grenzen eines bestimmten Wesens. Dieses " Umreißen ", dieses " Einrahmen " kommt bei Engeln einer Einengung gleich.

Für uns soll das aber kein Hindernis sein, mit ihnen in Verbindung zu treten. Sozusagen für den " Hausgebrauch " erlauben sie uns, ihnen einen beliebigen Namen zu geben, oder nennen uns einen, bei dem wir sie rufen können. Die Engel zeigen in dieser Hinsicht für uns Menschen Verständnis, weil sie wissen, daß der Name für uns in unserer Welt ein wichtiger Orientierungspunkt ist.
Engel als eine Kraft haben eigentlich kein Aussehen. Sie sind Licht. Ihre Gestalt sehen zu wollen, ist vergleichbar mit dem Versuch, in die Sonne zu schauen. Wir sehen ihr Licht, doch nicht ihre wahre Gestalt. Uns zu Gefallen können die Engel Gestalt annehmen, oder uns ein Bild spiegeln, indem sie Vorstellungen aus unserem Unterbewußtsein benutzen. So wie ein Mensch sich seinen Schutzengel vorstellt, so wird er sich ihm zeigen. Deshalb können verschiedene Menschen den gleichen Engel in verschiedenen Gestalten sehen. Gleichzeitig mit diesen gespiegelten Bildern bedienen sich Engel auch bestimmter Symbole. Flügel zum Beispiel symbolisieren den möglichen schnellen Wechsel von einer Ebene zur anderen. Oft zeigen sich Engel in prachtvollen, mit Edelsteinen besetzten Gewändern. Die Edelsteine sind Ausdruck ihrer Kräfte. Ihre strahlend blauen Augen symbolisieren die göttliche reine Kraft. Oft passen sich Engel in ihrem Aussehen den menschlichen Vorstellungen von Charaktereigenschaften an, um ihrer Botschaft Ausdruck zu verleihen. Beispielsweise kann ein Engel uns zornig anschauen, wenn er uns deutlich machen will, daß wir eine Verfehlung begangen haben. Der eigentliche Ausdruck der Engel ist aber der der lebendigen Liebe Gottes: unendliche Güte, Barmherzigkeit und Weisheit.

Manchmal wird die Erscheinung der Engel auch von lieblichen Düften begleitet. In der Nähe von Sterbenden kann man diese Düfte öfter wahrnehmen. So bemerkte ich am Sterbebett meines Vaters einen lieblichen Veilchenduft.-
Bei den Schutzengeln ist die Lichtausstrahlung ein wichtiges Erkennungsmerkmal seiner Klasse. So erscheint das Licht eines Michaeliten in himmelsblau, das eines Gabrieliten in goldgelb, das eines Raphaeliten in smaragdgrün und eines Urieliten in violett. Entsprechend der Aufgabe des Menschen und des ihm zugeordneten Schutzengels finden sich diese Farben auch in der menschlichen Aura wieder.

Engel sind als reine Geistwesen geschlechtslos. Sie haben keinen Leib nach Art des Menschen, nehmen aber menschliche Gestalt an, sofern Gott sie zu den Menschen sendet, damit sie unmittelbar in unsere materielle Welt eingreifen können. Engel können bis zu einer Stunde nach unserer Zeit eine körperliche menschliche Gestalt annehmen. So vermögen sie eine Botschaft zu überbringen oder behütend und beschützend einzuwirken. Ich erinnere mich an einen älteren Mann mit einer faszinierenden Ausstrahlung, der eines Tages zu mir kam und sich in Gegenwart zweier anderer Personen mit mir unterhielt. Er richtete eine Botschaft an mich aus und wies mir den Weg zu meiner Lebensaufgabe. Nachdem er uns wieder verlassen hatte, stellte ich fest, daß die beiden anderen Personen zwar seine Gegenwart, nicht aber den Inhalt der nur für mich bestimmten Botschaft wahrgenommen hatten. Sie hatten diesen älteren Mann als Mensch gesehen, aber nicht als Engel erkannt.

Schutzengel nehmen manchmal auch körperliche Gestalt an, um einen Menschen aus Lebensgefahr zu erretten. Das geschieht des öfteren bei kleinen Kindern. Das Kind erzählt anschließend manchmal von einem "Onkel", der ihm half. Vielleicht fällt jetzt auch manchem Leser ein, daß er selbst schon so eine Begegnung mit einem Engel erleben durfte.

Gesetzmäßigkeiten

Denn wisse, ICH bin das Gesetz
und die Propheten!
(Atlantisches Buch der Gesetze)

Wir wissen nun, was Engel sind, und wir wissen, daß wir das Recht und auch die Möglichkeiten haben, mit Engeln in Kontakt zu treten. Darüberhinaus haben wir auch gesehen, daß die Engel in unser Leben eintreten und dort tätig werden, sofern wir sie darum bitten oder wenn sie einen göttlichen Auftrag dazu haben.
Nun wird sich der Leser vielleicht fragen:
" Wenn das so einfach ist, warum gibt es soviel Leid und Not auf unserer Welt? "
Immer wieder erheben sich die uralten Fragen derer, die von Schicksal und Leid betroffen sind:
" Warum läßt Gott das zu ? - Warum trifft es gerade mich ? - Womit habe ich das verdient?"

In der Esoterik begegnet uns immer wieder, wenn diese Probleme erörtert werden, das Wort " KARMA ".
Was ist Karma ?
Wenden wir unseren Blick zunächst nach Asien; denn von dort stammt dieser Begriff: Karma ist ein Wort aus dem Sanskrit und bedeutet " Tat, Handlung".
In den von Buddhismus und Hinduismus geprägten Kulturen versteht man unter Karma das Gesetz des Ausgleichs zwischen den verschiedenen Leben eines Menschen. Je nach seinem Lebenswandel, ob gute oder böse Taten erfolgten, gestaltet sich sein jeweiliges " Schuldenkonto ".
Hat ein Mensch in einem Leben Fehler begangen, - so die landläufige Vorstellung - wird

er in seinem nächsten Leben dafür bestraft. Zum Beispiel muß jemand, der sein Leben lang ein Dieb gewesen ist, dafür vielleicht im nächsten Leben als Katze inkarnieren und sich langsam auf der Leiter der folgenden Inkarnationen wieder nach oben ins höhere, menschliche Dasein bringen.
Diese Vorstellung von Bestrafung der Sünden ist nur allzu menschlich.
Selbst in der Bibel begegnet uns oft ein ähnliches Denken, zum Beispiel an jener Stelle, wo Jesus von seinen Jüngern angesichts eines Blindgeborenen gefragt wird: " Meister, wer hat gesündigt? Dieser oder seine Eltern, daß er blind geboren wurde? " Übrigens weist diese Stelle auch deutlich auf den Glauben an Wiedergeburt hin, denn wer vor seiner Geburt sündigen konnte, muß logischerweise schon einmal gelebt haben.
Bei uns im christlichen Abendland leugnen die Kirchen schlichtweg die Möglichkeit der Wiedergeburt. Der Gedanke an mehrere Leben wird verdammt, zumal er die kirchliche Lehre von ewiger Bestrafung oder ewiger Belohnung, je nach dem Verhalten eines Menschen in einem einzigen Leben absurd erscheinen lassen würde.
Aber - die ursprüngliche christliche Lehre wurzelt, wie wir gesehen haben, im Judaismus und den Lehren der Essener. Dort ist der Glaube an Wiedergeburt tief verankert. Viele Berichte in der Bibel bezeugen das.
So werden zum Beispiel sowohl Johannes der Täufer als auch Jesus von ihren Zuhörern gefragt:
" Bist du der wiedergeborene Elias ? "
Beide verneinen zwar diese Frage, geben aber mit keinem Wort zu verstehen, daß sie den Glauben an die Wiedergeburt ablehnen.
Auch wir, die abendländischen Christen, wür-

den die Lehre der Reinkarnation als festen Bestandteil unseres Glaubens vertreten, hätte nicht ein Konzil im sechsten Jahrhundert mit nur einer Stimme Mehrheit beschlossen, dieses Gedankengut fortan auszutilgen. Die Bibel wurde dementsprechend " bereinigt ".

Wenden wir uns wieder dem Karma zu. Karma im christlich-esoterischen Sinne bedeutet:
" Wiederherstellung der Harmonie ".
Der Mensch im jenseitigen Zustand der " Nur-Seele " legt, bevor er eine Geburt anstrebt, dieses künftige Leben mit seinen Lernschritten, vergleichbar einem Unterrichtsplan fest. Nach seiner Geburt ist der Mensch in seinem Körper gefangen und ohne jegliches Erinnerungsvermögen an seine "Lebens-und Lernplanung".Im Laufe seines Lebens bekommt er nun schrittweise diesen Plan vorgesetzt, und es steht ihm frei, Lernprozesse anzunehmen oder abzulehnen.
Nach dem Tode, wieder als " Nur-Seele ", erkennt er, welche Entwicklungen und Aufgaben er in der menschlichen Existenz versäumt hat. Der Mensch ist also sein eigener Richter. Das stimmt ganz überein mit den zahlreichen Schilderungen von reanimierten Menschen, die im klinischen/medizinischen Sinne tot waren. Sie berichteten alle übereinstimmend, daß sie einen langen schwarzen Tunnel passieren mußten , an dessen Ende ein herrliches wärmendes, liebevolles Licht sie empfing. In diesem Zustand wurde ihnen ihr "Lebensfilm" gezeigt. Er lief vor ihrem Geiste ab, und sie selbst beurteilten ihr Leben.
Das Ziel aller Seelen ist es, die Vollkommenheit zu erreichen und zum gemeinsamen Ursprung, dem Vater, zurückkehren zu dürfen. In diesem Bestreben entscheidet die Seele selbst,ein neues irdisches Leben einzugehen,

wobei sie einen neuen Lernplan beschließt, in den aus vorhergehenden Leben nicht erlernte Lektionen integriert werden.
Diese Art des Ausgleichs nennen wir Karma.
Eine Seele allein ist jedoch außerstande, einen derartigen Ausgleich zu schaffen. Daher bedarf sie der Mitwirkung vieler anderer Seelen, mit denen sie entsprechende Verabredungen trifft. In unseren Leben greifen viele Rädchen ineinander, um die karmischen Gesetze zu erfüllen. So tauschen in einer karmischen Beziehung oft Täter und Opfer, Eltern und Kinder, Mann und Frau, Farbiger und Weißer die Rollen, um unter anderem auch die jeweils gegenteilige Erfahrung machen zu können.
Vollkommenheit heißt, einen "allumfassenden" Zustand zu erreichen, wie wir ihn Gott und den Engeln zuerkennen. Dieses Allumfassende kann nichts ausschließen, weder gut noch böse - oder besser - weder positiv noch negativ. Denn "gut und böse" sind allein Wertungen aus unserer menschlichen Perspektive.
In der Naturwissenschaft finden wir, als Teile eines Ganzen, ebenfalls die beiden Pole positiv-negativ. So enthält zum Beispiel eine elektrische Leitung sowohl eine positive als auch eine negative Phase. Ohne beide Phasen kann eine Glühlampe nicht leuchten. Elektrizität als Energie ist wertfrei zu sehen. Es gibt viele Möglichkeiten ihrer Nutzung. So kann man daran eine Lampe anschließen oder auch die Energie zur Funktion eines elektrischen Stuhls verwenden.
Erinnern wir uns noch einmal daran, daß selbst der Teufel und seine Anhänger Geschöpfe Gottes, also ebenso wie die Engel und wir ein Teil von IHM sind.
- Gott ist allumfassend - er umfasst das All - somit Alles -!
Schon als Kind konnte ich nicht verstehen,

daß in der Kirche einerseits gesagt wurde, Gott sei allumfassend, andererseits man ihn aber einschränkte auf einen "guten und lieben" Gott, von dem niemals Böses ausging, ausgeht, noch ausgehen wird.
Es muß uns klar werden, daß wir unsere menschlichen Wertmaßstäbe nicht auf das Göttliche übertragen können.
Stellen wir uns einmal vor, daß eine Seele einen Lernprozess benötigt, der die Erfahrung des Tötens zum Inhalt hat. Eine andere Seele benötigt die Erfahrung, getötet zu werden.
Diese beiden beschließen im Zustand der "Nur-Seele", sich entsprechend für ein gemeinsames Leben als Täter bzw. Opfer einander zur Verfügung zu stehen. Im körperlichen Zustand halten sie diese Verabredung ein, was zur Folge hat: ein Mensch tötet einen anderen anderen.
Wo bleibt da unsere Bewertung, unser Urteil ? Half eine Seele doch der anderen, ihre Erfahrung, ihren Lernschritt zu vollziehen und sich damit weiter der Vollkommenheit zu nähern.
Auf gar keinen Fall berechtigt uns unser Wertungsdrang, einen anderen Menschen zu beurteilen, geschweige denn zu verurteilen. Ein Wassertropfen aus dem einen Meer kann nicht besser oder schlechter sein als die anderen Wassertropfen. Auch Jesus verurteilt Judas nicht ob seines Verrates. Eine Seele muß eher sehr viel Liebe haben, um wie Judas Jesus zu verraten, damit dieser seinen Auftrag erfüllen konnte. Jesus bringt das Wissen um diese Seelenverabredungen auch bei seiner Kreuzigung durch die Bitte " Vater vergib ihnen, denn sie wissen nicht, was sie tun " zum Ausdruck. Er sagt nicht " Vergib ihnen ihre Schuld ", sondern Jesus weist darauf hin, daß seine Gegner im Zustand der menschlichen Kör-

perlichkeit nichts mehr von dieser Vereinbarung wissen.
Diese Überlegungen stellen uns keineswegs einen Freibrief für Verbrechen aus. Schließlich unterliegen wir auf Erden immer noch den menschlichen Gesetzen und haben diese zu befolgen. Jesus drückt dies treffend aus, indem er sagt: " Gebt dem Kaiser, was des Kaisers ist! " Die karmische Gesetzmäßigkeit entbindet uns auch nicht vom Mitgefühl mit dem Opfer. Wenn eine Seele sich ausgesucht hat, als Mensch in Afrika verhungern zu wollen, so enthebt uns unser Wissen nicht des Mitgefühls noch der Pflicht zu helfen. Es entbindet uns aber von " Mitleid " im Sinne von " mit-leiden ".
Bei unseren Lernprozessen ist einzig die Entscheidung wichtig, ob wir die Aufgabe zum Lernen und Reifen oder zur Befriedigung unseres Egos annehmen. Treffe ich die Entscheidung für mein Ego, mißbrauche ich die Aufgabe zur Erfüllung meiner Gelüste und erzeuge damit erneute karmische Belastungen.
Karma bedeutet nicht " Schicksal " im Sinne des islamischen Kismet: etwas Unabänderliches, etwas Unausweichliches, das blindlings über uns hereinbricht. Vielmehr hat Gott uns die freie Willensentscheidung gegeben, und wir haben die Möglichkeit, alles, auch die selbstgewählten Lernprozesse, anzunehmen oder zu verweigern. Es gibt daher ohne unser Zutun keine Vorherbestimmung oder ein sogenanntes Schicksal. Vorher-bestimmt sind allerdings unausweichliche Lernprozesse, die wir als feste Stationen unseres Lebens vor unserer Geburt gewählt haben. Stehen diese Stationen im Zusammenhang mit anderen Seelen, so werden wir die entsprechenden Menschen treffen, so wie wir es verabredet haben. Im Zuge dieser überlegungen sollten wir auch unsere Krank-

heiten betrachten:
Gelegentlich wird jemand, der wegen einer Erkrankung zu einem Heiler kommt, von diesem hören, daß eine Hilfe derzeit wegen karmischer Ursache der Krankheit nicht möglich sei.
Das bedeutet nun nicht, daß diese Krankheit grundsätzlich unheilbar ist. Vielmehr stellt sie für diesen Menschen einen Lernprozess dar, der erst seinen Abschluß gefunden haben muß, damit die Krankheit geheilt werden kann. Inzwischen ist allgemein bekannt, daß jeder Krankheit oder besser gesagt, jedem Krankheitssymtom eine psychische Ursache zugrundeliegt. Diepsychische Ursache weist auf den zu lernenden Inhalt hin. Lernen wir, den Lern-Inhalt zu erkennen und danach zu handeln, so sind wir fähig, die Krankheit aufzulösen. Schauen wir uns hierzu ein Beispiel an:
Vor einigen Jahren kam eine Frau zu mir, die an unerklärlichen Herzbeschwerden litt. Die medizinischen Diagnose- und Behandlungsmethoden hatten versagt. Die Herzbeschwerden behinderten die Frau so stark, daß sie kein normales Leben mehr führen konnte. Hinzu kam, daß die Schmerzen von unsagbaren panischen Angstzuständen begleitet wurden. Im Verlauf unseres Gesprächs konnte ich der Frau aufzeigen, daß ihre Herzschmerzen auf ein Todeserlebnis am Ende eines anderen Lebens beruhten. Damals durchbohrte eine Lanze ihr Herz und tötete sie. Dieser Tod kam für sie plötzlich und unvorbereitet, sodaß dieses nicht verarbeitete Todeserlebnis sie wieder bei der Inkarnation in ihr jetziges Leben begleitete und zur Aufarbeitung aufforderte. Das Todeserlebnis wurde in ihrer Kindheit erneut aktiviert, als ein Junge beim Ritter-spielen mit einer aus einem Stock gebastelten Lanze

auf ihr Herz zielte und sagte: "Du bist tot!"
Von nun an arbeitete das Unterbewußtsein der Frau daran, ihr dieses Todeserlebnis bewußt zu machen, damit sie den Lernprozess " Tod "erkennen und bewältigen konnte. Die einzige Möglichkeit des Unterbewußtseins, sie darauf hinzuweisen, bestand im Erzeugen ähnlicher Schmerzen wie bei ihrem damaligen Tod.
Nachdem ihr das durch unser Gespräch bewußt geworden war, hatte ihr Unterbewußtsein nicht mehr nötig, weitere Aufmerksamkeit darauf zu lenken, und die Frau war von ihren Herzbeschwerden befreit. Eine Lektion war erlernt - ihr diesbezügliches Karma abgeschlossen.
Erneut erhebt sich nun die Frage, ob Engel in das Karma eingreifen und gegebenenfalls helfen dürfen.
Dazu eine grundsätzliche Bemerkung:
Engel dürfen nur in das Karma eingreifen, wenn sie den ausdrücklichen Auftrag vom " VATER " dazu bekommen. Wenn ein Engel von seinem Schützling darum gebeten wird, kann er Gott bitten, eingreifen zu dürfen.
Einer solchen Bitte kann nur entsprochen werden, wenn sie klar geäußert wurde, der Mensch also das Bedürfnis nach Abänderung seines Karmas hat. Engel dürfen Lernprozesse nicht ohne weiteres wegnehmen - sie würden uns damit den Weg zur Vollkommenheit erschweren. Eltern, die ihrem Kind ständig die Schulaufgaben machen, tun ihm damit keinen Gefallen, denn sie verhindern, daß es etwas lernt.
Bei der Bitte an die Engel muß auch das Gesetz des Ausgleichs berücksichtigt werden. Der Bittende muß bereit sein, selbst etwas für die Erfüllung seines Wunsches zu tun. Dadurch, daß er bereit ist, etwas zu geben, schafft er Platz dafür, etwas zu bekommen. Dieses Geben kann darin bestehen, daß er sich

bereit erklärt, ernsthaft an sich zu arbeiten, zum Beispiel, eine negative Charaktereigenschaft abzulegen oder eine bisher nicht entwickelte Fähigkeit anzustreben. Eine andere Möglichkeit wäre eine materielle Gabe, die allerdings nicht in ein oberflächliches " Erkaufen " ausarten darf. Es soll ein " Opfer " sein!
In alten Zeiten gab es das Prinzip des " Zehnten ", das darin bestand,vom jeweiligen Einkommen den zehnten Teil für die Armen zu geben. Diese Regelung hatte gleich zwei Vorteile. Einerseits wurde so für die Armen gesorgt, andererseits war dadurch der ständige Fluß des Einkommens gewährleistet, weil Platz für Neues geschaffen wurde.
Das von uns zu erbringende Opfer sollten wir vor der Bitte formulieren. Auf keinen Fall sollten wir die Haltung einnehmen: " Gib mir erst, dann überlege ich mir, was ich dir gebe! " Manche Menschen sind bereit, ihr Opfer sogar vor Erfüllung ihrer Bitte zu geben. Dazu gehört natürlich, den Engeln zu vertrauen und zu akzeptieren, daß sie nur solche Bitten erfüllen dürfen, die uns nicht schaden. Weil wir in unserer begrenzten menschlichen Sicht die höheren Zusammenhänge nicht erkennen können, äußern wir manchmal sehr unvernüftige Bitten. Würde ein Engel sie erfüllen, würde er uns vielleicht mehr schaden als helfen. Deshalb sollten wir die Haltung einnehmen:
" Nicht mein, sondern dein Wille geschehe. "
Wenn ich darauf vertraue, daß alles Kommende für mich auf jeden Fall das Beste ist, fällt mir das Opfer sicherlich leichter.
Man darf natürlich auch nicht um etwas bitten, das einem anderen Menschen schadet. Wir sollten uns immer leiten lassen von dem Gebot Jesu: " Liebe deinen Nächsten, wie dich

selbst. "
Ebenso sollte ein Gieren nach Reichtum nicht ein Beweggrund sein, um Hilfe zu bitten.

Angleichung der Ebenen

Siehe, ICH bin in Dir
und Du in MIR, denn
nichts kann und wird
ohne MICH je sein!
(Atlantisches Buch der Weissagung)

Sicherlich fragen sich nun einige der Leser, ob sie nicht schon mit Engeln kommuniziert haben. Immerhin kann man davon ausgehen, daß die Mehrzahl, wenn nicht gar alle Leser dieses Buches beten.
Nehmen wir einmal ein Fremdwörterlexikon zu Hilfe. Dort finden wir unter dem Stichwort kommunizieren die Erklärung:
" in Verbindung stehen."
In Verbindung stehen bedeutet aber auch: Antworten, Mitteilungen bekommen.
Das tritt aber beim Gebet normalerweise nicht ein.
Um Antworten und Mitteilungen zu bekommen gibt es verschiedene Möglichkeiten der Kommunikation:

Die Rationalkommunikation

Die Emotionalkommunikation

Die Inkorporation

Die Rationalkommunikation bedeutet eine Kommunikation, die ganz auf den Verstand ausgerichtet ist. Im Gefühlsbereich findet keine Bewegung statt, alles ist dem Verstand erklärbar. Die Antwort/ Mitteilung erfolgt nur durch die anschließend eintretende, vom Verstand damit überprüfbare Wirkung.
" Bitte wird gestellt - Bitte wird erfüllt "

Die Emotionalkommunikation enthält eine gefühlsmäßige erlebte Antwort/ Mitteilung. Der Bittende fühlt auf seine Frage hin intuitiv die richtige Antwort bzw. Mitteilung, sieht Bilder, spürt die Anwesenheit eines geistigen Wesens oder erlebt eine mystische Vision. Darüber hinaus ist die sprachliche Kommunikation möglich, das heißt der Kommunizierende hört deutlich die Stimme eines Geistwesens in sich oder von außerhalb seines Körpers.

Die Inkorporation (abgeleitet vom lateinischen "corpus"= der Körper) bedeutet die Aufnahme eines geistigen Wesens in unseren Körper. Dabei können die gleichen Erlebnisse erreicht werden wie bei der Emotionalkommunikation. Erst bei der Inkorporation entsteht eine wirkliche Kommunion, eine Vereinigung, eine Verschmelzung mit einem geistigen Wesen.

Die Frage, vor der wir nun stehen, lautet:
Wie können wir als körperliche Wesen Zugang zur geistigen Welt bekommen ?
Nach allem bereits Gesagtem wissen wir nun, daß Raum und Zeit nur in unserem Denken existieren, daß es im Grunde kein " Oben und Unten ", keine Hierachien, keine Aufteilung des Gesamten gibt. Dennoch erscheint es uns so, solange wir in unserem Körper leben.
Wie können wir mit unserem begrenzten Denken in diese anderen Dimensionen vordringen?
Machen wir uns zunächst klar, daß wir nicht nur diesen einen physischen Körper haben, sondern noch andere, geistige Körper. Sie sind dem Hellsichtigen ganz oder teilweise sichtbar. Insgesamt besteht jedes menschliche

Wesen aus sieben Körpern:

Physischer Körper

Ätherkörper

Astralkörper

Mentalkörper

Kausalkörper

Buddhikörper

Atma

Diese Körper sind in der esoterischen Literatur eingehend beschrieben worden, und ich will deshalb nur kurz auf ihre Eigenschaften eingehen.
Unserem physischen Körper am nächsten und verwandtesten ist der Ätherkörper. Er gleicht jenem genau, baut sich jedoch aus einem anderen Material auf, nämlich dem feinstofflichen. Die feinstoffliche Ebene liegt unserer materiellen Ebene zunächst. Alle Impulse und Ereignisse unseres Lebens passieren das Feinstoffliche, bevor sie in die feste Materie " hinabtauchen " und für uns sichtbar Gestalt annehmen. In gleicher Weise vermittelt der Ätherkörper dem physischen Körper seine Lebensenergie, indem er sie wie ein Netz auffängt und verdichtet dem Nervensystem zuführt.
Die nächstfolgende Ebene ist die Astralebene, die Welt der Gefühle, Leidenschaften und Begierden - eine Welt, die sich je nach unserer eigenen Schwingung als Himmel oder Hölle darstellen kann. Der Astralkörper ist dementsprechend das " Fahrzeug " für alle Gefühle

hoher oder niedriger Art. Er ist als einziger etwas größer als die anderen Körper. Sein überstehender Teil ist wie ein Strahlenkranz und mit modernen Mitteln (Kirlianhochfrequenzfotografie) fotografierbar. In der Esoterik wird er Aura genannt. Die Aura gibt Auskunft über Gemüts- und Krankheitszustände durch ihre jeweiligen Farben.
Nachfolgend eine Tabelle der vorkommenden Farben und ihre Bedeutungen:

Weiß	=	Universelle Lebensenergie -beinhaltet alle Farbe-
Gold	=	Höchste Weisheit, Verbundenheit mit Gott
Tiefrosa	=	Kosmische Liebe
Silber	=	Kosmische Toleranz
Rot	=	Haß, Wut, Besitzergreifende Liebe
Orange	=	Selbstbeherrschung
Violett	)	
Blau	)	
Gelb	)	
Grün	)	

Die Bedeutungen der letzten vier Farben entsprechen den vier Schutzengelklassen. (Siehe Kapitel: Engelwesen)
Die Farben der Aura zeigen sich in verschiedener Farbintensität, die abhängt vom Grad der entsprechenden Gefühlsbewegung. Beispiel: Jemand haßt einen anderen Menschen. Haßt er ihn wenig, so ist die rote Farbe wenig intensiv, Haßt er ihn stark, so ist die Farbe ein tiefes Dunkelrot.

Alle oben nicht aufgeführten Farben sind Mischfarben und zeigen entsprechende Anteile der einzelnen Farben und ihrer Bedeutung an. Ist zum Beispiel Tiefrosa mit Silber gemischt, so weist das auf eine Paarung von Kosmischer Liebe und Toleranz seines Trägers hin.
Kommen wir zurück zum Astralkörper. Er löst sich im Schlaf oder in der tiefen Meditation von seiner materiellen Verbindung, dem physischen Körper. Dadurch ermöglicht er dem Menschen Reisen außerhalb von Zeit und Raum, die allerdings nur selten bewußt wahrgenommen werden. Fast jeder Mensch kennt aber dieses unangenehme Gefühl des " Fallens ", das den Wiedereintritt in den Körper begleitet.
Der astralen folgt die mentale Ebene, die Welt des Denkens, der Vernunft. Der Mentalkörper formt sich gemäß der Qualität unseres Denkens. Er bildet sich, ebenso wie die drei vorher genannten Körper, für jedes Leben neu und löst sich nach dem Tode des Menschen auf.
Anders der Kausalkörper. Er besteht während aller unserer Inkarnationen weiter und vergeht erst, wenn alle karmischen Zusammenhänge unserer Leben gelöst sind. Dieser Körper beherbergt unser kosmisches Bewußtsein, all unsere Pläne, Vorstellungen und Absichten. Er ist in einer Person Stückeschreiber, Regisseur und Schauspieler.
Nun nähern wir uns dem Sitz unserer Seele, dem Ewigen in uns, Geist vom Geiste Gottes - unser unsterblicher Körper: Buddhi.
In ihm erfahren wir das, was in der Überlieferung die " Ewige Seligkeit " genannt wird.
Und dennoch gibt es noch einen weiteren Körper: Atma - unser Höheres Selbst, ein Wesen von kristallener Klarheit und unvorstellbarer Schönheit - der göttliche Funke in unserer

Seele, unsere Identität mit Gott.
Wenn wir all das in uns haben, was hindert uns dann noch, mit dem Himmlischen zu kommunizieren?
Es ist vor allem unser begrenztes Bewußtsein. Wie ein Radio kann es auf die verschiedenen Wellenlängen eingestellt werden. Durch Erziehung und Umwelt werden wir allerdings gehindert, höhere Wellenlängen zu erreichen.
Kleine Kinder sind noch fähig, Geistwesen zu sehen; sie können sich auch noch an frühere Leben erinnern, lernen aber sehr schnell, daß so etwas bei den Erwachsenen nicht erwünscht ist, als Unsinn und Phantasie verlacht wird. Sie stellen sich darauf ein. Der Ausspruch Jesu: "Wenn ihr nicht werdet wie die Kinder" bezieht sich auf diesen reinen, unverdorbenen Zustand.
Unser " Raumanzug " Körper engt unsere Wahrnehmung erheblich ein. Nun gibt es aber " Einstellknöpfe ", nämlich die " Chakras ", an unserem Ätherkörper. Über sie stehen wir mit den Energien unserer Umwelt in ständiger Verbindung. Sind sie nicht richtig eingestellt, können sie die höhere Energie nicht aushalten und " brennen durch ". Richtiges Einstellen ermöglicht uns hingegen, die Energien zu empfangen. Jedes der sieben Hauptchakras enspricht einem bestimmten Frequenzbereich. Obwohl sie nicht im physischen Körper liegen, können wir sie dort spüren und ihnen eine bestimmte Lage am Körper zuweisen. Die Chakras werden von unten nach oben gezählt. Das unterste hat die stärkste Verbindung zur Erde. Je höher ein Chakra liegt, desto höher ist auch sein entsprechender Schwingungsbereich.
Das erste, Wurzel- oder Basalchakra (Muladhara) genannt, liegt am Ende des Steißbeins und nimmt die Erdenergie auf.

Das zweite, Sakral- oder Sexualchakra (Svadhistana), liegt zwei Finger breit unter dem Bauchnabel und regelt vor allem unsere sexuellen Energien.
Das dritte hat verschiedene Namen: Nabel-, Milz- oder Solarplexuschakra (Manipura) oder wird auch von Heilern englisch: "Releasing-Chakra" genannt. Es liegt zwei Finger breit oberhalb des Bauchnabels und ist verantwortlich für das Gleichgewicht der beiden Kraftströme (positiv - negativ, chinesisch Yin-Yang) in unserem Körper.
Das vierte ist das Herzchakra (Anahata) und hat seinen Sitz in der Mitte der Brust auf gleicher Höhe mit den Brustwarzen. Es ist der Sitz unserer Gefühle.
Das fünfte, Hals- oder Kehlkopfchakra (Vishuddha), liegt in der Kehlmulde und regelt unsere sprachlichen Ausdrucksmöglichkeiten.
Das sechste ist das Stirnchakra (Ajna) und liegt zwischen den Augenbrauen. Seine Aktivität steuert die Denkfähigkeit und befähigt zur Wahrnehmung subtiler Erscheinungen. Geht es eine Verbindung mit der Hypophyse ein, so bildet sich das " Dritten Auge ", das uns ermöglicht, spirituelle Fähigkeiten in größerem Maße zu nutzen.
Das siebente, Scheitel- oder Kronenchakra (Sahasvara) liegt auf dem höchsten Punkt des Schädels und stellt die Verbindung zur kosmischen Energie her. Hier befindet sich nach der Geburt ein weicher Punkt, die offene Pforte, durch die der Säugling das Leben empfangen hat und noch mit Gott verbunden ist. Selbst dieses Chakra ist normalerweise immer noch zu niedrig eingestellt, um die allerhöchste Ebene (das Göttliche) zu erreichen.
Es müssen also alle Chakras neu eingepegelt und aufeinander eingestimmt werden, um ein

höheres Bewußtsein zu erlangen.
Außer den sieben Hauptchakras gibt es noch vier Nebenchakras, jeweils in den Handflächen und Fußsohlen, sowie eine Vielzahl kleinerer Chakras, die praktisch mit allen Akupunkturpunkten identisch sind. Alle Chakras stehen miteinander in Verbindung.
In der Überlieferung wird die Lebenskraft der Erdenergie, die unserem Körper innewohnt, symbolisch als Schlange (Kundalini) dargestellt, die zusammengerollt am Ende des Steißbeins ruht. Verbindet sie in einem Menschen das Wurzelchakra mit dem Scheitelchakra, indem sie in zwei Kanälen, einem heißen und einem kalten, rechts und links der Wirbelsäule hinaufsteigt, so wird dieser Mensch zur Vollkommenheit geführt. Er bekommt soviel Lernprozesse wie möglich vorgesetzt, um vollkommen zu werden. Es gibt bestimmte Yogaübungen zur Erweckung der Kundalini, die aber nicht ganz ungefährlich sind. Es genügt hier, zu wissen, daß sich die Chakras auf natürliche Weise, je nach Bedarf, öffnen und schließen, um Energien aufzunehmen bzw. abzugeben. Durch eine spirituelle Lebensweise werden sie immer mehr aktiviert.
In unserem täglichen Leben drängen eine Menge von Einflüssen, Gedanken, Gefühlen, Schwingungen von außen in uns ein und hinterlassen oft Eintrübungen und Verunreinigungen. Die Aura, die ständig fließt und in Bewegung ist, zeigt diese Verunreinigungen in Form von dunklem Energieschmutz. Dieser behindert natürlich unsere Empfänglichkeit für höhere Schwingungen. Daher muß jeder, der sich den Engeln nähern will, zunächst um innere Reinigung und um Schutz vor weiteren unsauberen Einflüssen bemühen. Es empfiehlt sich, die folgende Übung regelmäßig, am besten alle zwei Tage durchzuführen.

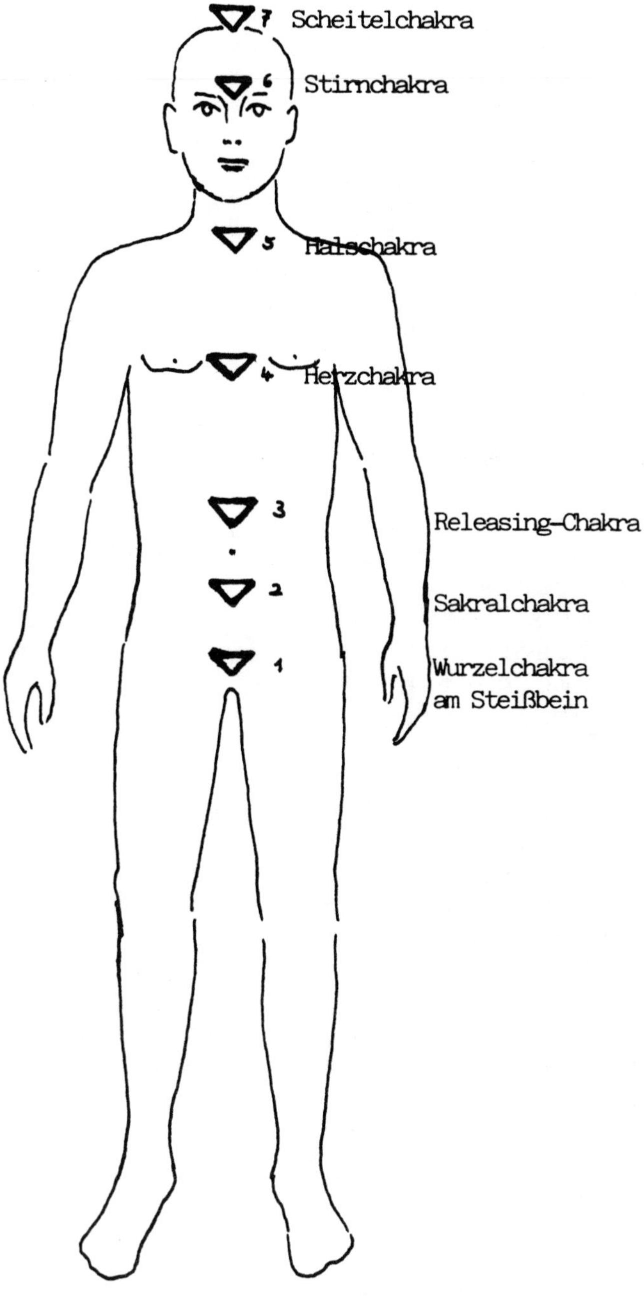

7 Scheitelchakra
6 Stirnchakra
5 Halschakra
4 Herzchakra
3 Releasing-Chakra
2 Sakralchakra
1 Wurzelchakra am Steißbein

Aura-Reinigung

Wir halten die Hände nach oben ausgestreckt, bewegen die Finger, sodaß Energie von oben in unsere Fingerspitzen einfließen kann. Gleichzeitig vollführen wir eine Art Pump-Bewegung durch Auf- und Abbewegen der Füße, um die einfließende Energie bis in die Fußspitzen hinunterzuziehen.

Nun reißen wir dreimal hintereinander die Aura, wie einen Schleier, mit den Händen (Fingerspitzen nach außen) jeweils im Kopf-, Brust- und Bauchbereich auf.

Am Kopf beginnend streichen wir nun am ganzen Körper entlang alle Verschmutzungen ab, die sich in der Aura angesammelt haben. Wir streifen alle Bereiche ab, die wir mit unseren Händen erreichen, also auch die Rückseite des Körpers.

Anschließend holen wir wieder Energie von oben und werfen sie mit den Händen dreimal in die drei Bereiche der Aura hinein, wie Schneebälle.

Noch einmal holen wir Energie von oben. Die spirituell stärkere Hand (diejenige, deren Daumen beim Händefalten obenauf liegt) halten wir gerade mit der Handfläche nach unten über das Scheitelchakra. Die andere Hand werfen wir mit geballter Faust nach unten. Dadurch erzielen wir ein "Einschießen" der Energie in unsere Aura. Auf diese Weise wird ein Schutz geschaffen, der ungefähr drei Tage anhält.

Um Kontakt zu den Engeln herzustellen, bedarf es eines weiteren Schrittes. Wir müssen nämlich völlig im Gleichgewicht unserer Energien sein. Je mehr ich im Gleichgewicht bin, um so leichter fällt mir die notwendige Entspannung und Konzentration. Deshalb der nächste Schritt - die

Harmonisierungsübung

Setze dich entspannt hin, ohne irgendwelche Gliedmaßen (z.B. Finger, Beine oder Arme) zu kreuzen. Lege die Hände locker mit den Handflächen nach oben auf die Oberschenkel. Schließe die Augen. Laß mit jedem Ausatmen alle Spannung aus dir hinausfließen und laß dich immer tiefer in dein Bewußtsein sinken.- Stelle dir nun eine Treppe mit zehn Stufen vor, die nach unten führt. Langsam gehst du nun Stufe für Stufe diese Treppe hinunter. Mit jeder Stufe, die du hinuntergehst, nimmst du Ruhe und Harmonie in dich auf. Gelassenheit und Frieden erfüllt dein ganzes Sein.

1-2-3-4-5-6-7

Nun siehst du, daß sich am Ende der Treppe eine Art Rolltreppe befindet. Sie hat aber keine Stufen, sondern gleicht einem Rollband. Dieses Rollband wird dich sanft noch tiefer nach unten tragen und du betrittst es gleich.

-8-9-10.

Du betrittst nun das Rollband, das dich immer weiter nach unten führen wird. Betritt das Band und laß dich nach unten gleiten. Das Band führt dich zu einem Erholungsort, einem Urlaubsort, wie du ihn dir immer gewünscht

hast.
Nun kannst du schon diesen wunderschönen Ort sehen. Du rollst langsam immer näher darauf zu. Gleich betrittst du diesen Ort.
Jetzt erreichst du das Ende des Rollbandes und du betrittst jetzt eine wunderschöne Wiese. Eine schöne Wiese mit vielen herrlichen bunten Blumen. Lasse dich hier nieder.
Öffne nun das Scheitelchakra, indem du einmal tief nach oben ausatmest. Nun fließt goldenes Licht von oben in das Scheitelchakra ein. Es fließt wie eine goldene Flüssigkeit ein, füllt das Scheitelchakra ganz aus.
Die goldene Flüssigkeit fließt über und zum Stirnchakra hin, fließt dort hinein und füllt auch dieses ganz aus,
-fließt auch hier über und füllt das Halschakra ganz aus.

Stelle dir nun vor, daß sich aus deinem Steißbein ein dickes Seil ausrollt. Es erreicht den Boden und gleitet hinab bis zum dem Inneren der Erde, bis zum Mittelpunkt.
Durch dieses Seil fließt nun smaragdgrünes Licht in das Wurzelchakra, füllt es ganz aus. Es fließt weiter in das Sakralchakra und füllt auch dieses ganz aus. Es fließt über und weiter zum Releasing - Chakra.

Das grüne Licht von unten und das goldene Licht von oben fließen nun zum Herzchakra und vermischen sich dort zu einem grüngoldenen Licht. Dieses grüngoldene Licht erfüllt nun den ganzen Körper, jede einzelne Zelle.
Jetzt geh mit deiner Aufmerksamkeit zur Mitte des Körpers. Du bemerkst dort ein blaues Licht, und du siehst, daß es von einem himmelblauen Diamanten ausgeht, der dort ruht.
Mit beiden Händen ergreifst du den Diamanten, trägst ihn hinauf zum Scheitelchakra und

setzt ihn dort in das Scheitelchakra hinein. Der Diamant paßt genau in die Öffnung hinein. Im gleichen Augenblick, sobald der Diamant dort ruht, ist es, als ob ein Feuerwerk im Diamanten explodiert, und er strahlt helles Licht in vielen Farben ab.
Dieses Licht strahlt zu
" All - dem - was - ist " und wird von all dem zurückgestrahlt, trifft wieder auf den Diamanten, wird erneut von diesem verstärkt wieder abgestrahlt. Plötzlich ist dir bewußt, daß es der Christusdiamant ist, der in dir ruht. Seine leuchtenden, farbigen Strahlen sind die Liebe, die zu all dem, was da ist, fließt.
Nun schließe darüber das Scheitelchakra, indem du in Gedanken mit deiner linken Hand über deinen Kopf streichst. Du bemerkst, daß der Christusdiamant trotzdem weiter strahlt.
Nun ziehe auch das Seil wieder ein.
Du gehst langsam zurück auf das Rollband zu, betrittst es und läßt dich langsam nach oben gleiten, bis du die Treppe mit den zehn Stufen erreichst. Nun gehst du die zehn Stufen hinauf.

10-9-8-7-6-5

Du nimmst Ruhe und Frieden, Gelassenheit und Liebe mit in dein Bewußtsein.

-4-3-2-1.

Du bist nun wieder ganz in deinem Wachbewußtsein. Öffne deine Augen!

Mit dieser Übung haben wir die Vorbereitung zum Kontakt mit der Engelwelt fast abgeschlossen. Zumindest sind wir nun in der Lage, sie auf spezifische Art anzurufen.

(Anmerkung des Verlages: Wir planen die Produktion dieser Übungen mit dem Autor auf Kassette. Terminplanung 10/89)

Die Anrufung der Engel

ICH sende meine Boten
zu Euch, und MEIN Licht
erfüllt die Erde, damit
ihr die Finsternis erkennt!
(Atlantisches Buch der Entstehung)

Wenn ich einem Menschen eine Nachricht senden will, benötige ich dazu seinen Namen und seine Anschrift. Auch bei der Anrufung der Engel benutze ich deren Namen. Nun kennen wir nach kirchlicher Lehre jedoch nur die Erzengel Michael, Gabriel und Rafael mit Namen. Die namentliche Nennung anderer Engel ist von der katholischen Kirche im Konzil zu Aachen im Jahre 789 mit Kirchenbann belegt worden, weil die angeblich "übermäßige Verehrung" der Engel das Heilswerk Christi verdunkle. Dieser Kirchenbann hat auch heute noch seine Gültigkeit. Er wurde im deutschsprachigen Raum durch die deutsche Bischofkonferenz zu Fulda 1988 bestärkt, als beschlossen wurde, die "übermäßige Verehrung der Engel als heidnischen Aberglauben zu verdammen".
Hierzu ist zu sagen, daß die Engel eine Kraft Gottes, eine Art kleiner Finger sind. Indem ich einen Engel anrufe, rufe ich Gott selbst an, d.h. eine bestimmte Kraft von ihm. Genießen wir die Strahlen der Sonne, erfahren wir nicht den einzelnen Strahl, sondern die Sonne selbst. Eine namentliche Anrufung der Engel ist deshalb keine Ablenkung vom Göttlichen, sondern eine Hinwendung zu IHM.
Bekannt sind uns die Namen der atlantischen Engel und die ihnen zugeordneten besonderen Aufgaben. Dieses Wissen entstammt zum Teil aus alten Überlieferungen. Fehlende Teile wurden durch mediale Botschaften ergänzt. Damit ist der erste Teil unserer "Briefadres-

se", der Name, vorhanden. Der zweite, noch fehlende Teil ist die Anschrift. Diese "Anschrift" haben wir in Form eines Siegels (Ort), das in einer bestimmten Farbe (Postleitzahl) gezeichnet sein muß. Dieses Siegel könnte man auch mit einem Lichtschalter vergleichen, der, wenn er betätigt wird, eine bestimmte Kraft freisetzt - der Strom erreicht die Glühlampe, bringt sie zum leuchten. Der Leser findet diese Siegel im Kapitel " Buch der Siegel " aufgezeichnet. Bevor er jedoch diese Siegel benutzt, möge er das Kapitel über die Gemeinschaft der Kinder des Lichts lesen, um die Voraussetzungen für die Anwendung zu erfahren.
Nachfolgend nun die Reihenfolge der einzelnen Schritte zur Anrufung der Engel:

Die Erstellung der Siegel

Zur Erstellung der Siegel entzünde drei weiße Kerzen, die du in Dreieckform (Spitze nach oben) aufgestellt hast. In der Mitte legst du das Papier oder das Stück Stoff, auf welchem du das Siegel malen willst. Entzünde die Kerzen in der Reihenfolge : oben - links - rechts mit den Worten:

1. Im Namen des Engels der Weisheit, der das Dunkel in unserem Leben erhellt.

2. Im Namen des Engels der Macht, der unsere Not und unsere Leiden besiegt.

3. Im Namen des Engels der Liebe, der uns Trost und Hilfe ist, denn es gibt keine größere Kraft als die Liebe.

Versenke dich nun einige Zeit im Gespräch mit den Engeln und konzentriere dich auf deine Bitte. Dann zeichne das Siegel.

Im Folgenden sollen nun einige Anwendungsmöglichkeiten aufgezeigt werden.

Für alle, die Partnerschaftsprobleme haben oder sich einen Partner wünschen, die unter Liebeskummer leiden und von ihrem Partner enttäuscht worden sind, für alle, die Liebe geben und empfangen wollen, ist Simiel zuständig.

Sein Siegel ist in rot zu zeichnen.

Weil ihm auch der Bereich der Sexualität untersteht, sollte er stets zusammen mit Asmodel, dem Engel der kosmischen Liebe, angerufen werden, um zu verhindern, daß ein Partner allein auf der sexuellen Ebene angezogen wird. Wahre Liebe durchfließt gleichmäßig beide Seelen ruhig und harmonisch, ohne Höhepunkte brennender Leidenschaft, denen unweigerlich Tiefpunkte folgen müssen. Sie verstärkt sich gegenseitig, kennt keine Zweifel, sondern nur Vertrauen, läßt nicht nach, wenn die Liebe des anderen abflacht oder zu heftig auflodert. Wahre Liebe will nicht nehmen, sondern geben, will den anderen glücklich machen. Sie verzichtet aus diesem Bestreben heraus auf den anderen, wenn er die Liebe nicht erwidert. Das alles sollte bei der Anrufung Simiels berücksichtigt werden.

Materielle Sicherheit ist das Aufgabengebiet des Engels Emkiel. Wen Geldsorgen drücken, wer nicht weiß, wovon er seinen Lebensunterhalt bestreiten soll, weil er keine Arbeitsstelle findet, wem das Wasser bis zum Hals steht, der wende sich an Emkiel. Sein Siegel wird in goldener Farbe gezeichnet.

Der Engel Stamiel ist zuständig für Erfolg. Wer erfolgreich im Beruf sein möchte, Prüfungen und Aufgaben erfolgreich bestehen will, wer ein neues Projekt in Angriff nimmt oder wer öffentlich auftritt, sei es als Politiker, Redner oder Schauspieler, kann Stamiel anrufen.

Sein Siegel ist blau.

Der Engel Asrael ist der Todesengel der Welt. Ihm unterstehen als oberstem Engel die Elohim, die Engel der Heimführung. Ihn rufen wir an um einen sanften und schnellen Tod. Gern hilft er uns auch, den Übergang bewußt zu vollziehen. Sein Siegel zeichnen wir in silber.

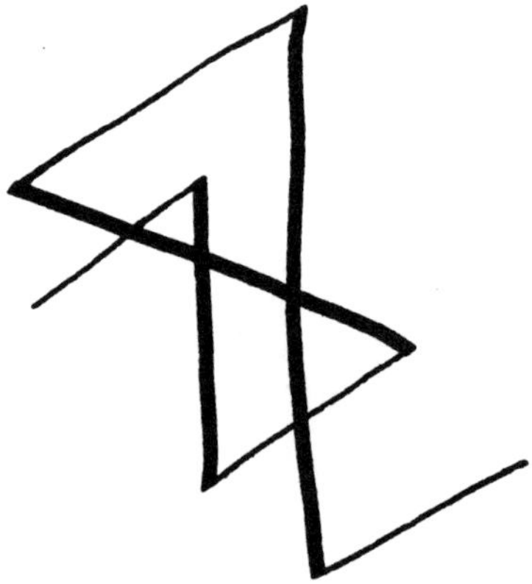

Die Königsengel

Zwölf sind Euch gegeben,
Zwölf sollt ihr sein,
Zwölf sollt ihr werden,
Denn zwölf ist die Zahl
Der Ewigkeit!
(Atlantisches Buch der Weissagung)

Sie sind schon mehrmals in diesem Buch erwähnt worden, und ihre besondere Position sowohl bei den Atlantanern als auch bei den Essenern weist darauf hin, wie wichtig sie sind. Gemeint sind jene zwölf Engel, die einst den atlantischen Königen zur Seite standen. Es kann gar nicht genug betont werden, wie überaus segensreich die Verbindung mit ihnen sich auf das tägliche Leben auswirkt und wie wünschenswert eine Wiederbelebung der Kommunionen zum Wohle der Menschen und der Erde ist. Daher soll hier der Plan der alten atlantischen und auch der essenischen Engelkommunion ausführlich dargestellt werden.

Jedem Königsengel war ein besonderer Satz zur Anrufung zugeordnet, mit dessen Hilfe der Mensch sich auf das Prinzip des jeweiligen Engels einstimmte. Zusätzlich war jedem Engel ein Buchstabe aus dem geistprachlichen Alphabet der Ursprache zugeordnet. Jedem Buchstaben lag der geistige Inhalt eines Prinzips zugrunde. Bei der Benutzung dieser Ursprache setzte der Loki einen geistigen Inhalt zusammen und übertrug durch Aufspaltung in die einzelnen Prinzipien diese in die Buchstaben der Lautsprache. Die Prinzipien dieser Buchstaben wurden dann durch das Vibrieren in einer bestimmten Art und Weise energetisch freigesetzt. Zum besseren Verständnis sollen hier einige Beispiele folgen:

Geistiger Inhalt:
Gott erschafft den Menschen, indem er ihm den Odem des Lebens einhaucht.

Aufspaltung in die einzelnen Prinzipien:
1. Gottes Wille
2. Schöpfung
3. Gestaltannahme = Mensch
4. Atem Gottes = Odem des Lebens = Lebendigwerden

Lautsprachliche Übertragung:
Prinzip 1: = Lautbuchstabe A
Prinzip 2: = Lautbuchstabe B
Prinzip 3: = Lautbuchstabe M
Prinzip 4: = Lautbuchstabe H

Übertragung des geistigen Inhalts:

A B M H

Dieses Wort ist nicht aussprechbar, und daher mußten die Zwischenräume mit zusätzlichen Verbindungslauten ausgefüllt werden. In unserem Beispiel entsteht so das Wort:

A Be Me H

Nun fehlte noch die Vollendung - dargestellt durch den Laut O. Er wurde als Schlußlaut dem Wort zugefügt. Es entsteht das Wort ABeMeHO. Nun fehlt noch ein Prinzip, nämlich die teilweise Trennung der Seele von ihrem göttlichen Ursprung, damit sie menschliche Gestalt annehmen kann. Das wurde durch den Lautbuchstaben C bewirkt. So entsteht nun das Wort ABeMeHCO = Abemehco.
Dieses Wort wurde von den Lokis verwendet, um einem Paar zu helfen, Kinder zu bekommen. Durch Vibration des Wortes wurden die Ener-

gien freigesetzt und auf die Eltern übertragen.

Zur weiteren Verdeutlichung wollen wir uns zwei Beispiele aus unserer heutigen Sprache ansehen.

Beispiel: Mensch

M = Formgebung, Gestaltannahme
e = -
N = Seele in der Unendlichkeit
S = Materie
C = Trennung von Gott, Strafe
H = Odem Gottes

"Mensch" bedeutet also soviel wie:
Seele, der Odem Gottes, nimmt Gestalt an in der Materie: eine Trennung von Gott, also eine Strafe.
Diese Bedeutung bleibt weitgehend erhalten, auch wenn wir das Wort für Mensch in anderen Sprachen aufschlüsseln.

Beispiel: Karma

K = Kraft
A = Gott, Wille
R = gelenkte Bewegung, Harmonie
M = Formgebung, Gestaltannahme
A = Gott, Wille

"Karma" bedeutet also soviel wie:
Eine göttliche Kraft, die Gestalt angenommen hat und deren Bewegungen durch den Willen gelenkt werden zur Herstellung der Harmonie.-
Das Wort Karma stammt aus Atlantis. Dennoch ist die Übersetzung aus dem Sanskrit "Tat" sinngemäß identisch.

In der nun folgenden Aufstellung findet der Leser jeweils den Prinzipsatz, den geistsprachlichen Laut und den Edelstein der Königsengel. Zusätzlich hatten die Essener jedem dieser Engel einen Wochentag für die Kommunion zugeordnet, der hier ebenfalls in der Aufstellung erscheint.

Samstagabend: Engel der Ewigkeit
Lautbuchstabe: T
Edelstein: Saphir
Prinzipsatz:
Engel der Ewigkeit, hebe meinen Geist in das Bewußtsein des ewigen Lebens.
Vermittelt:
die Fähigkeit, die Schwerkraft zu überwinden und planetarische Energien aufzunehmen und anzuwenden.

Sonntagmorgen: Engel der Erde
Lautbuchstabe: S
Edelstein: Jaspis
Prinzipsatz:
Engel der Erde, laß deine Kraft in meine Zellen fließen und erneuere meinen ganzen Körper.
Vermittelt:
die Fähigkeit der Regeneration von Körperzellen durch Umwandlung von Erdenergien.

Sonntagabend: Engel der Kreativität
Lautbuchstabe: J
Edelstein: Smaragd
Prinzipsatz:
Engel der Kreativität, befruchte die Ideen der Menschheit und gib allen Menschen ihre Fülle.
Vermittelt:
die Fähigkeit der Aufnahme von Energien in das Bewußtsein und ihre Nutzung für schöpferischen Ausdruck.

Montagmorgen: Engel des Lebens
Lautbuchstabe: N
Edelstein: Chalzedon
Prinzipsatz:
Engel des Lebens, ströme in meine Zellen und gib ihnen die Kraft, in meinem ganzen Körper zu fließen.

Vermittelt:
die Fähigkeit, Lebenskraft aus der Natur zu schöpfen.

Montagabend: Engel der Harmonie
Lautbuchstabe: L
Edelstein: Sarder
Prinzipsatz:
Engel der Harmonie, sei immer in allem.
Vermittelt:
die Fähigkeit, in Harmonie mit dem Universum und mit sich selber zu leben. Der essenische Gruß "Shalom" (Der Friede sei mit dir) bringt diese Haltung zum Ausdruck.

Dienstagmorgen: Engel der Freude
Lautbuchstabe: R
Edelstein: Sardonyx
Prinzipsatz:
Engel der Freude, laß mich die Schönheit der Natur erkennen und als Freude mich durchdringen.
Vermittelt:
die Fähigkeit, inneres Gleichgewicht und heitere Ruhe aus der Natur aufzunehmen.

Dienstagabend: Engel der Kraft
Lautbuchstabe: K
Edelstein: Beryll
Prinzipsatz:
Engel der Kraft, gehe ein in die Einheit unserer tätigen Körper und leite alle unsere Taten.
Vermittelt:
die Fähigkeit, kosmische Kräfte in das Nervensystem zu leiten und sie für alle Bereiche zu nutzen.

Mittwochmorgen: Engel der Sonne
Lautbuchstabe: I
Edelstein: Chrysolith
Prinzipsatz:
Engel der Sonne, ströme in mein Zentrum und gib deine Kraft des Lebens allen meinen ganzen Körpern.
Vermittelt:
die Fähigkeit konzentrierte Sonnenenergie aufzunehmen und für heilerische Zwecke zu nutzen.

Mittwochabend: Engel der Liebe
Lautbuchstabe: B
Edelstein: Chrysopras
Prinzipsatz:
Engel der Liebe, ströme in die Einheit unserer Gefühlskörper und reinige alle unsere Gefühle.
Vermittelt:
die Fähigkeit, höhere Gefühlsschwingungen anzuziehen und als universelle Liebe an alle Lebewesen weiterzugeben.

Donnerstagmorgen: Engel des Wassers
Lautbuchstabe: P
Edelstein: Topas
Prinzipsatz:
Engel des Wassers, gehe ein in mein Blut und gib deinen Rhythmus des Lebens meinem ganzen Körper.

Vermittelt:
die Fähigkeit den Blutkreislauf zu kontrollieren und Schmerzen zu unterbinden.

Donnerstagabend: Engel der Weisheit
Lautbuchstabe: F
Edelstein: Amethyst
Prinzipsatz:
Engel der Weisheit, befruchte meine Gedanken mit dem Geist des Vaters.
Vermittelt:
die Fähigkeit der Telepathie und Intuition

Freitagmorgen: Engel der Luft
Lautbuchstabe: H
Edelstein: Hyazinth
Prinzipsatz:
Engel der Luft, gehe ein in meinem Atem und laß deine Kraft mich ereilen.
Vermittelt:
die Fähigkeit sich in die Einheit des Universums einzugliedern und Energien aus der Atmosphäre zu entnehmen.

Freitagabend: Himmlischer Vater
Samstagmorgen: Mutter Erde

Der Leser kann zu den Meditationen auch die Edelsteine der jeweiligen Engel verwenden, um der Schwingung des Engels näher zu kommen. Hierzu nimmt man den Stein in die linke Hand. Zur Einstimmung kann man auch den Lautbuchstaben vibrieren, bzw. sich auf ihn konzentrieren.
Zur weiteren praktischen Anwendung kommen wir in dem nun folgenden Kapitel...

Mit Engeln sprechen.

Siehe, ICH gebe Euch Meine Engel.
Sie werden Euch geleiten und behüten,
Und Ihr könnt von Ihnen lernen,
Damit Ihr EINS seid mit MIR!
(Atlantisches Buch der Gesetze)

Das Bestreben eines jeden Menschen auf dem spirituellen Wege geht dahin, unmittelbaren Kontakt zum Göttlichen zu bekommen und somit auch zu seinem geistigen Führer, dem Schutzengel. Oft wird der Begriff "Geistiger Führer" falsch verstanden.
Er wird oft mit dem "Geistigen Helfer" verwechselt. Der "Geistige Führer" ist identisch mit dem Schutzengel. Der "Geistige Helfer" hingegen ist eine Wesenheit, zum Beispiel ein Verstorbener, der eine besondere Beziehung zu uns gehabt hat. Er nimmt die Aufgabe auf sich, uns zu helfen, unsere Lebensaufgabe zu finden, bzw. zu erfüllen.
Mit der nachfolgenden Technik erreichen wir eine Bewußtseinsebene, die es uns ermöglicht, mit Engeln direkt zu kommunizieren.
Es handelt sich hierbei um eine spezielle, mir von den Engeln übermittelte Trance-Technik. Diese Trance unterscheidet sich wesentlich von der sonst üblichen. Sie schränkt nicht das Bewußtsein ein oder schaltet es gar aus. Mit der Engel-Trance-Technik wird unser Bewußtsein vielmehr erweitert und wir können mehr wahrnehmen.

Wir werden in der Trance-Übung zwei Gesten in unser Unterbewußtsein einprogrammieren, um mit ihrer Hilfe jederzeit in den erweiterten Bewußtseinszusand zu gelangen, bzw. wieder aus ihm heraus zu kommen. Wir suchen uns hierzu zwei einfache Gesten aus. Die Trance herbeiführende Gestik sollte jedoch nicht eine alltägliche sein, um zu vermeiden, daß wir unbeabsichtigt in diesen Zustand gelangen.

Trance-Übung

Setze dich entspannt hin, ohne irgendwelche Gliedmaßen zu kreuzen. Lege die Hände locker, mit den Handinnenflächen nach oben geöffnet, auf die Oberschenkel. Schließe die Augen. Laß mit jedem Ausatmen alle Spannung aus dir hinausfließen und laß dich immer tiefer in dein Bewußtsein sinken.
Stelle dir nun eine Treppe mit zehn Stufen vor, die nach unten führt. Du gehst nun diese zehn Stufen hinunter.
Mit jeder Stufe, die du hinuntergehst, nimmst du Ruhe und Harmonie auf. Gelassenheit und Frieden erfüllt dich.

1-2-3-4-5-6-7

Nun siehst du, daß am Ende der Treppe eine Art Rolltreppe ist. Diese hat aber keine Stufen, sondern ist wie ein Rollband. Dieses Rollband wird dich sanft nach unten tragen und du betrittst es gleich.

-8-9-10.

Du betrittst nun das Rollband, das dich immer weiter nach unten führen wird. Betritt das Band und laß dich nach unten gleiten. Das Band führt dich zu einem Erholungsort, einem Urlaubsort, wie du ihn dir immer gewünscht hast.
Nun kannst du schon diesen wunderschönen Ort sehen. Du rollst langsam immer näher darauf

zu. Gleich betrittst du diesen Ort.
Jetzt erreichst du das Ende des Rollbandes und du betrittst jetzt eine wunderschöne Wiese. Eine schöne Wiese mit vielen Blumen.
Auf der Wiese siehst du eine Tafel. Du gehst auf sie zu und bleibst vor ihr stehen. Sie kommt aus dem Nichts und geht in das Nichts.
Du ergreifst das Stück Kreide, das davor liegt und schreibst deinen Vornamem auf die Tafel. Im gleichen Augenblick merkst du, daß alles was du auf die Tafel schreibst sich auf ihr und damit in dir einbrennt - unauslöschlich einbrennt.
Darunter schreibst du nun das Wort "tiefer".
T-i-e-f-e-r
und immer wieder: "tiefer", "tiefer" usw. bis du ganz tief in diesen Zustand der Trance hineingekommen bist.
Nun schreibst du das Wort "Trance" auf die Tafel:
T - r - a - n - c - e
und immer weiter "Trance", "Trance" usw.
Wenn du den tiefsten Punkt erreicht hast, kehrst du der Tafel den Rücken zu und du verankerst diesen Trance-Zustand durch die von dir ausgewählte Gestik, in dem du sie nun ausführst. Ebenso programmierst du die Gegengestik, die dich aus der Trance herausführt.
Drehe dich um und schaue auf die Tafel. Dort sind beide Gesten nun fest verankert, fest eingebrannt.
Du gehst nun über die Wiese zurück zum Rollband.
Du gehst jetzt wieder auf das Rollband zu, betrittst es und läßt dich langsam nach oben gleiten, bis du zu der Treppe mit den zehn Stufen kommst. Nun gehst du die zehn Stufen nach oben.

10-9-8-7-6-5

Du nimmst Ruhe und Frieden, Gelassenheit und Liebe mit in dein Bewußtsein.

-4-3-2-1.

Du bist nun wieder ganz in deinem Wachbewußtsein. Öffne deine Augen!

Nun wenden wir die beiden Gesten an und gleiten in die Trance hinein und wieder zurück, um die Gesten noch einmal zu festigen, bzw. das Unterbewußtsein an ihren Gebrauch zu gewöhnen.

Wir wenden uns der letzten erforderlichen Übung zu, um den Engeln begegnen zu können.

Vorbereitung auf die Begegnung mit Engeln

Du löst durch die programmierte Gestik die Trance aus und befindest dich wieder auf der Wiese. Am Ende der Wiese ist eine Treppe mit drei Stufen. Gehe sie hinunter. Du gelangst zu einem langen Gang. Du gehst durch den Gang und findest am Ende eine Tür mit einem goldenen Schlüssel. Du öffnest die Tür und betrittst einen hellen Raum. Dort steht ein Altar, auf dem vieles nicht in Ordnung ist: die Blumen sind vertrocknet, die Kerzen sind nicht angezündet, das Buch ist zugeklappt. Nimm die alten vertrockneten Blumen und bringe sie hinaus in den Gang. Du findest dort einen Wasserhahn und einen Strauß frischer Blumen. Fülle die Vase mit Wasser und stecke die frischen Blumen hinein. Stelle sie auf den Altar. Streiche die Decken glatt. Entzünde die Kerzen und stelle sie in der Ordnung auf, die dir richtig erscheint. Öffne das Buch dort, wo sich das Lesezeichen befindet. Der ganze Raum füllt sich mit Licht. Verlasse nun wieder den Raum und nimm den goldenen Schlüssel mit dir oder bewahre ihn an einer bestimmten Stelle auf und geh zurück auf die Wiese. Führe nun die Gegengestik aus und komm zurück in den Wachzustand.

Nach dieser übung sind wir in der Lage direkten Kontakt zu den Engeln aufzunehmen. Dazu verwenden wir die Methode der "Inkorporation", daß heißt, wir lassen den Engel in unseren Körper hinein.
Dazu gehen wir folgendermaßen vor:

Begegnung mit dem Engel

Wir lösen die Trance durch unsere Gestik aus, lassen uns ganz hineinsinken in den Zustand von Ruhe und Geborgenheit. Wir öffnen das Scheitelchakra, indem wir konzentriert unseren Atem dorthinlenken und ausatmen. Wir wenden uns unserem Altarraum zu und öffnen ihn mit unserem goldenen Schlüssel. Nach einem Augenblick der Andacht rufen wir den Engel, mit dem wir kommunizieren wollen. Er wird nun eine Position über unserem Scheitelchakra einnehmen. Wir bitten ihn zu uns und lassen ihn durch das Scheitelchakra langsam einfließen. Dabei helfen wir ihm, indem wir ihn durch das Scheitelchakra einatmen. Wir atmen, um Platz zu schaffen, durch die Fußspitzen aus. Nun kann es zu den verschiedensten Wahrnehmungen kommen. In der Regel werden wir den Engel über das Gefühl wahrnehmen. Jeder Engel fühlt sich, je nach Art seiner Kraft, anders an, meistens in verschiedenen Abstufungen von Wärme. Das kann von einer erfrischenden Brise bis hin zu starker Hitze gehen. Stets nehmen wir auch die starke, liebevolle Ausstrahlung der Engel auf. In diesem Zustand haben wir die Möglichkeit, Fragen an den Engel zu richten oder Botschaften zu erbitten. Seine Antworten bzw. Mitteilungen nehmen wir als Gedanken, Gedankenbilder, farbige Bilder, innere Stimme oder aber als reale Stimme außerhalb unseres Körpers wahr. Die Art der Wahrnehmung richtet sich nach dem Grad unserer spirituellen Entwicklung. Auch hier gilt der bekannte Satz: "Übung macht den Meister." Durch Übung erreichen wir auch die Möglichkeit, den Engel in verschiedenen Formen zu sehen, beginnend mit einer reinen Lichterscheinung bis hin zu einer menschenähnlichen Gestalt.

An dieser Stelle werden viele Übende jetzt die Frage stellen, ob sie sich alle diese erfahrenen Dinge nur einbilden oder in ihrem Unterbewußtsein produzieren.
Auch erhebt sich nach einiger Zeit der Anwendung die Frage, ob man sich überhaupt im Zustand der Trance befindet. Hierzu sei gesagt, daß ein Gewöhnungsprozeß stattfindet, der dafür sorgt, daß der Trancezustand als normal empfunden wird. Das ist auch notwendig, denken wir doch nur an die Möglichkeit, mit Hilfe eines Engels heilerisch zu wirken. Dabei ist es in der Regel notwendig, daß wir mit geöffneten Augen handeln. Die Engel haben uns diese Trance-Technik gegeben, um eine Täuschung durch unser Unterbewußtsein auszuschließen. Die Tatsache, daß wir verschiedene Engel verschieden wahrnehmen oder daß bei Seminaren ganze Gruppen den gleichen Engel auf gleiche Art und Weise wahrnehmen, trotzdem aber individuell unterschiedliche Aussagen erhalten, schließt Phantasie, Selbstproduktion, Selbstsuggestion und Gruppenhysterie aus.
Jedem steht es offen, die gleichen Fähigkeiten und Möglichkeiten durch die Hilfe der Engel zu erlangen, wie es die Menschen von Atlantis und die Essener vermochten, um dadurch den Weg zurück zum VATER zu finden.

Die atlantischen Engel und ihre Aufgaben

Jedem ist gegeben ein Werk
Und eine Kraft von MIR.
Zum Wohle und zur Ordnung
des Universums!
(Atlantisches Buch der Entstehung)

Nachfolgend die Namen, Zuständigkeiten und Siegelfarben der Engel. Zu Anfang habe ich zum besseren Verständnis ein paar Beispiele angeführt.

Aduachiel

Siegelfarbe: weiß auf blauem Grund
Zuständigkeit:
Er wird angerufen, um Gerechtigkeit zu erlangen.

Beispiele:
Herr X. hatte einen Prozeß, in dem ihn sein Gegner verklagte, eine größere Summe Geld an ihn zu zahlen. Dieses Geld hatte Herr X. bereits persönlich an ihn gezahlt, aber die Quittung ließ sich bei seinen Papieren nicht auffinden. Herr X. konnte also nicht beweisen, daß er diese Summe beglichen hatte. Er rief in seiner Not Aduachiel an. In dem stattfindenden Prozeß wurde auch der Buchhalter des Klägers als Zeuge gehört. Dieser bekannte vor Gericht plötzlich, daß sein Arbeitgeber in seiner Gegenwart die Quittung vernichtet habe. Nunmehr gestand der Kläger, daß er die Quittung, unbemerkt von Herrn X., an sich genommen habe. Aduachiel hatte hier den Buchhalter über dessen Gewissen beeinflußt, keine falsche Aussage zugunsten seines Chefs zu machen. So nahm die Gerechtigkeit

ihren Lauf, und der Kläger wurde nun selbst wegen versuchten Betruges und Irreführung der Behörden verurteilt.

Frau Y. lebte mit ihrem Ehemann in einer disharmonischen Ehe. Herr Y. tyrannisierte sie und betrog sie mehrmals mit anderen Frauen. Aus einer dieser Beziehungen entstammte auch ein nichteheliches Kind. Diese Vaterschaft bestritt Herr Y. aus finanziellen Gründen vehement. Aus der Ehe von Herrn und Frau Y. waren inzwischen zwei Söhne hervorgegangen. Um ihre Kindern nicht vaterlos aufwachsen zu lassen, blieb Frau Y. 27 Jahre bei ihm. Dann reichte sie die Scheidung ein. Ihr Mann verweigerte ihr jeglichen Unterhalt, obwohl er Besitzer von vier Firmen war. Er machte alle möglichen Schwierigkeiten, um die Scheidung hinauszuzögern. Frau Y. suchte eine Arbeit. Da sie ja die ganzen Jahre ihrer Ehe nicht in ihrem Beruf gearbeitet hatte, war es recht schwer, eine Stelle zu finden. Schließlich fand sie eine Arbeit als Verkäuferin, allerdings mit einem sehr kleinen Verdienst. Aufgrund falscher Beweise gab das Gericht hinsichtlich der Unterhaltsfrage dem Ehemann recht, sodaß er keine Zahlungen an seine geschiedene Frau zu leisten brauchte. Frau Y. rief Aduachiel um höhere Gerechtigkeit an. Innerhalb eines Jahres verlor der Mann drei seiner Firmen und erkrankte an Krebs. Nunmehr besann er sich eines Besseren und übernahm freiwillig Zahlungen an seine geschiedene Frau.

Ambriel

Siegelfarbe: grün
Zuständigkeit:
Ihn ruft man an, um Wissen zu erhalten.

Beispiele:
Der Student E. hatte große Schwierigkeiten bei seinem Medizinstudium. Trotz aller Anstrengungen fehlte ihm in entscheidenden Gebieten das Wissen aufgrund einer längeren Erkrankung. E. rief Ambriel an. Während der darauf folgenden Wochen lernte er bis zum Examen sehr konzentriert. Wenn E. ein Buch aufschlug, hatte er meist auf Anhieb die für ihn wichtige und notwendige Passage zur Vervollständigung seines Wissens gefunden.

Frau M. sollte auf einer Versammlung ihrer Partei einen Vortrag halten. Zehn Minuten vor der Abfahrt fand sie ihren kleinen Sohn mit ihrem Konzept für den Vortrag. Er hatte es zerrissen. Frau M. rief Ambriel an. Sie fuhr zur Versammlung und hielt ihren Vortrag ohne Konzept. Es war ihr bester Vortrag, den sie je gehalten hatte.

Ashtiel

Siegelfarbe: weiß auf blauem Grund.
Zuständigkeit:
Planung, Übersicht, Archtektenpläne, Städteplanung, Haushaltsplanung.

Beispiele:
Herr S. wollte mit seiner Familie in Urlaub fahren. Diesmal sollte es nach Griechenland mit dem Auto gehen. Im letzten Jahr war die Familie zum Camping nach Italien gefahren.

An der ersten Grenze mußte die Familie damals wieder umkehren, da sie versäumt hatte die Ausweise mitzunehmen. In Italien bemerkten sie, daß eine Zeltstange und der Kocher fehlten. Ebenfalls waren die zuvor gekauften Benzingutscheine nicht auffindbar. Vor der erneuten Urlaubsplanung in diesem Jahr rief Herr S. Ashtiel an. Kurze Zeit später hatte seine Frau die Idee Checklisten anzulegen. Der ganze Urlaub wurde bis ins kleinste Detail geplant. Er verlief wie geplant und völlig harmonisch.

Herr L. ist von Beruf Ingenieur. Bei der sehr schwierigen Planung eines Staudammes rief er vorher Ashtiel an. Der gesamte Bau ging reibungslos und ohne irgendwelche Planungsfehler vor sich.

Asinel

Siegelfarbe: gold
Zuständigkeit:
Glück, glückliche Fügungen, Glücksgefühle

Beispiele:
Herr Sch. verlor seine Arbeit, erhielt die Kündigung seiner Wohnung und alle möglichen Haushaltsgegenstände funktionierten auf einmal nicht mehr. Sein Auto streikte ab und zu - natürlich immer dann, wenn er es dringend benötigte. Seine Familie - Ehefrau und drei Kinder - verloren langsam allen Mut. Herr Sch. rief Asinel an. Innerhalb kurzer Zeit bekam er eine Anstellung, die sogar noch besser war als seine alte Arbeitsstelle. Sch. fand ein hübsches Haus zu einem günstigen Mietpreis und konnte bald neue Geräte kaufen, da er einen kleinen Gewinn im Lotto erzielte.

Wegen Untreue ihres Freundes gab Frl. V. diese Freundschaft auf. Sie rief Asinel an. Schon zwei Tage später traf sie ihre große Liebe. Der junge Mann sah gut aus und verliebte sich ebenfalls sofort in Frl. V.. Sie war genau die Frau, die er sich immer gewünscht hatte. Beide zogen zusammen und sind glücklich. An seiner Treue gibt es für Frl. V. keine Zweifel.

Asmodel

Siegelfarbe: rosa
Zuständigkeit:
kosmische Liebe, Liebe zu "Allem-was-ist", Nächstenliebe, mystische Erlebnisse

Beispiel:
Herr H. ist in Irland Geistlicher. Oft stößt er in seiner Gemeinde auf Ablehnung, da er für die Gleichheit von Katholiken und Protestanten eintritt. Viele Menschen machen ihm seine Aufgabe schwer, obwohl Herr H. alles daran setzt, Liebe auszustrahlen. Bald war Herr H. nahe daran, seine Aufgabe aufzugeben. Er rief Asmodel um Hilfe an. Trotz aller Anfeindungen geht er seiner Aufgabe auch heute noch freudig nach.

Asradiel

Siegelfarbe: weiß auf blauem Grund
Zuständigkeit:
Wurzeln der Pflanzen, Wurzeln der Familie, Sippe, Verwurzeltsein in der Heimat, "Wurzeln schlagen" in neuer Umgebung

Beispiele:

Frau K.s Gemüse im Garten verlor nach und nach alle Kraft und Farbe. Die Ernte war in ernster Gefahr. Die Maulwürfe nagten die Wurzeln der Pflanzen ab. Frau K. ist aber eine große Tierfreundin. Sie wollte die Maulwürfe nicht vergiften oder auf andere Art töten.Sie rief Asradiel an, mit der Bitte die Wurzeln ihrer Pflanzen zu schützen. Die Maulwürfe waren nach kurzer Zeit verschwunden und Frau K. konnte noch eine gute Ernte einbringen.

Herr L. suchte schon seit Jahren in Archiven nach seinen Ahnen. Von seinem Großvater hatte er erfahren, daß die Familie einmal ein eigenes Wappen gehabt habe. Herr L. hatte bisher stets vergebens gesucht. Er rief Asradiel an. Nach knapp 3 Wochen erhielt er einen Brief aus den USA. Ein Amerikaner mit gleichem Namen interessierte sich ebenfalls für seinen Stammbaum. Er bot gegen Überlassung der Nachforschungsergebnisse von Herrn L. seine eigenen zum Austausch an. Herr L. fand bei den Unterlagen das langgesuchte Wappen der Familie.

Asrael

Siegelfarbe: silber
Zuständigkeit:
Tod

Asturel

Siegelfarbe: lila
Zuständigkeit:
Barmherzigkeit und Mitleid

Auretiel

Siegelfarbe: orange
Zuständigkeit:
Heilen, Heiler, Ärzte, Pfleger,Heilprozesse

Baamiel

Siegelfarbe: blau
Zuständigkeit:
Baamiel ist der Engel des Donners.
Zusammen mit Baraqiel, dem Engel des Blitzes, wird er angerufen zum Schutz vor den Gefahren des Gewitters.

Balachiel

Siegelfarbe: grün
Zuständigkeit:
Menschen, die kombinieren müssen,(zum Beispiel Kriminalisten), die erzählen, (zum Beispiel Dichter, Redner) und Fäden spinnen, knüpfen und weben. (Märchenschreiber, Eheanbahnungsinstitute, aber auch handwerkliche

Berufe der Textilindustrie wie Weber, Teppichknüpfer, Seiler usw.. Auch Hausfrauen können ihn anrufen zum Gelingen ihres selbstgestrickten Pullis usw.)

Baradiel

Siegelfarbe: blau
Zuständigkeit:
Er ist der Engel des Hagels. Er wird angerufen zum Schutz vor Hagelschaden. Bei Gewitter mit Hagel wird er zusammen mit den anderen entsprechenden Engeln angerufen.

Baraqiel

Siegelfarbe: rot
Zuständigkeit:
Er ist der Engel des Blitzes und wird zum Schutz vor Schaden durch Blitzschlag angerufen. Fast immer wird er zusammen mit dem Engel Baamiel, dem Engel des Donners angerufen. Baraqiel ist auch für alle Bereiche der Elektrizität zuständig.

Beleguel

Siegelfarbe: cremeweiß auf blauem Grund
Zuständigkeit:
Aufbau und Anfang, Gründung, Start in neue Lebensabschnitte, Schulanfang, Berufsanfang, Bauwesen, Bauberufe.

Bokumiel

Siegelfarbe: orange
Zuständigkeit:
Schwingungen, Melodien, Klang und Töne, Musik, Musiker, Sänger

Cambiel

Siegelfarbe: lavendelblau
Zuständigkeit:
Anziehungskraft der Erde, Anziehungskraft zwischen Menschen, Kristallisation, Kristalle, Edelsteine, Salze, "Herauskristallisieren" von Ergebnissen.

Carbiel

Siegelfarbe: rot
Zuständigkeit:
Carbiel ist der Engel der Strahlen jeglicher Art, wie Röntgenstrahlen, Atomstrahlen oder Sonnenstrahlen.
Er wird zum Schutz vor ihnen und vor deren Folgen angerufen
(Sonnenbrand, atomare Verbrennung).

Cesariel

Siegelfarbe: weiß auf blauem Grund
Zuständigkeit:
Cesariel wird in allen Situationen angerufen, in denen man Schutz benötigt, Schutz vor Gefahren, Schutz vor Feinden. Meistens wird er mit entsprechenden anderen Engeln gebeten.

Cosmoel

Siegelfarbe: tiefblau
Zuständigkeit:
Seligkeit.Ewige Seligkeit, Glückseligkeit - die zwei Liebende erfahren möchten, mystische Verzückung.

Deusel

Siegelfarbe: rot
Zuständigkeit:
Wärme, physische Wärme, Nestwärme, Herzenswärme, Wärmetechnik

Doradoel

Siegelfarbe: leuchtend rot.
Zuständigkeit:
Er ist der Lenker von Energien aller Art und von Schwingungen: Heilenergien, die in Krankenhäuser gelenkt werden, Energien der Kraftwerke, die in Stromleitungen fließen, oder Erdenergien in Kraftorten der Welt.

Dosoel

Siegelfarbe: hellblau
Zuständigkeit:
Erfrischung des Körpers, des Geistes und der Seele.

Eguel

Siegelfarbe: dunkelrot
Zuständigkeit:
Beherrschung und Zügelung, Triebbeherrschung, Temperamentsausbrüche, Beherrschung von Tieren (z.B. Dompteure, Reiter, Wagenlenker), Beherrschung von Kräften. Er wird auch angerufen, um sich von der Beherrschung durch andere Menschen zu befreien.

Emkiel

Siegelfarbe: gold
Zuständigkeit:
Materielle Sicherheit

Fenel

Siegelfarbe: hellblau.
Zuständigkeit:
Er ist der Engel des Erbarmens und der Gnade. Ihn ruft man an um Gottes Erbarmen und Gnade für sich oder andere zu erbitten.

Gabriel

Siegelfarbe: feuerrot
Zuständigkeit:
Er ist nicht zu verwechseln mit dem Erzengel gleichen Namens. Ihm untersteht das Feuer. Er wird angerufen bei Ausbruch von Feuer, Feuersbrünsten, Waldbränden usw., aber auch zum Schutz der Feuerwehrleute.

Galgalliel

Siegelfarbe: gold
Zuständigkeit:
Ihm untersteht die Sonne. Er wird angerufen bei der Nutzung von Sonnenenergie, bringt Hilfe bei allen Leiden durch Sonnenglut und Sonnenbrand. Auch der Bauer kann ihn in übermäßig langen Regenzeiten anrufen.

Hachamel

Siegelfarbe: grün wie der Smaragd
Zuständigkeit:
Orientierung, Wege finden, Orte finden, Globus, Atlas, Landkarten, Straßenkarten, Kompaß. Er hilft Verirrten und allen, die "Neuland" suchen.

Hamaliel

Siegelfarbe: kobaltblau
Zuständigkeit:
Chemie, chemische Prozesse, Berufe und Produktion in der Chemie.

Hanael

Siegelfarbe: lila
Zuständigkeit:
Hanael ist einer der wichtigsten Engel im spirituellen Geschehen. Ihm unterstehen Weltordnung, Politik, Weltgeschehen.

Hestiel

Siegelfarbe: gelb
Zuständigkeit:
Versöhnung, Aussöhnung, Selbstvergebung.

Hethetiel

Siegelfarbe: himmelblau
Zuständigkeit:
Fliegen, Flugzeuge, Flugverkehr, Flugtechnik, Raumfahrt, Ballonfahrt, Angst vorm Fliegen.

Hethitiel

Siegelfarbe: weiß auf blauem Grund
Zuständigkeit:
rechnen, bauen, Mathematik, Architektur, Bauwesen, Bauberufe, Kalkulation, Berechnungen, Rechenzentren.

Jophaniel

Siegelfarbe: grün
Zuständigkeit:
Aufstieg, Reife, Entwicklung bei Menschen, Tieren und Pflanzen, beruflicher Aufstieg, geistige Reife.

Karmael

Siegelfarbe: goldgelb
Zuständigkeit:
Ihm untersteht die ausgleichende Gerechtigkeit, das Karma. Er wird auch Hüter des Karmas genannt. Er überwacht die Inkarnationen des Menschen. Er kann angerufen werden, um karmische Belastungen aufzulösen. Er ist auch zuständig für die kosmische Harmonie.

Katzachiel

Siegelfarbe: blaulila
Zuständigkeit:
Katzachiel ist der Engel der Ruhe, der Einkehr und Stille. Er kann angerufen werden um Schutz vor Lärm , Finden der inneren Ruhe bei Nervösität, zur inneren Einkehr im Gebet oder der Meditation.

Kokbiel

Siegelfarbe: gelb
Zuständigkeit:
Diesem Engel unterstehen alle Planeten des Universums, sowie deren Einflüsse auf uns, Astronomie, Astrologie.

Komutiel

Siegelfarbe: wiesengrün
Zuständigkeit:
Er ist der Engel der Tiere. Sie stehen unter seinem Schutz und Schirm. Er kann angerufen werden bei Wildhege, Viehwirtschaft, Tiermedizin, Tierpsychologie. Tierschützer sollten mit ihm viel arbeiten.

Konfertiel

Siegelfarbe: blau
Zuständigkeit:
Rhythmus, Musik, Gezeiten, Biorhythmus, Lebensalter.

Konfitiel

Siegelfarbe: wiesengrün
Zuständigkeit:
Ernährung, Diät, Ernährungswissenschaft, Nahrungsmittel, alle Berufe im Zusammenhang mit Ernährung und Nahrungsmitteln, Erzeugung von Nahrungsmitteln, Landwirtschaft.

Labael

Siegelfarbe: wiesengrün
Zuständigkeit:
Vermehrung im Sinne der Fortpflanzung, Züchtung, Schwangerschaft.

Lamachael

Siegelfarbe: goldgelb
Zuständigkeit:
Er ist der Engel der Kraft. Ihn kann man um Kraft bitten in Notsituationen, bei körperlicher, seelischer und geistiger Belastung.

Libuel

Siegelfarbe: weiß auf blauem Grund
Zuständigkeit:
Lehren und lernen, Lehrer, Schüler, Schulen, Universitäten, Lehrmittel, Lernpläne, Lernprozesse.

Liriel

Siegelfarbe: blau
Zuständigkeit:
Philosophie, Weisheit.

Malchjdael

Siegelfarbe: orange
Zuständigkeit:
Er ist der Engel des Willens. Von ihm kann man starke Willenskraft erbitten, besonders in Situationen, die es durchzustehen gilt.

Malequiel

Siegelfarbe: orange
Zuständigkeit:
Rat, Sicherheit, Lebensberatung, Selbstsicherheit.

Matariel

Siegelfarbe: wasserblau
Zuständigkeit:
Er ist der Engel des Regens. Er kann angerufen zum Schutz vor Regen, aber auch um Regen in Trockenzeiten.

Melachiel

Siegelfarbe: grün
Zuständigkeit:
Menschliche Ordnung, Regeln, Ordnung halten, Ordnungswesen.

Melathiel

Siegelfarbe: ockerfarben
Zuständigkeit:
Den Lebensweg finden ist manchmal sehr schwer. Hier kann man den Engel Melathiel um Hilfe anrufen. Wer für andere Menschen als Wegweiser dienen möchte und Richtung gebend tätig sein will, kann ebenfalls seine Hilfe erbitten.

Miguel

Siegelfarbe: kirschrot
Zuständigkeit:
Beharrlichkeit, Durchhalten, Nachgeben bei zuviel Beharrlichkeit.

Mizariel

Siegelfarbe: hellrot
Zuständigkeit:
Ihm untersteht die Veränderung von Materie. Das kann die Bearbeitung eines Werkstückes sein oder auch die Veränderung der Materie durch geistige Kraft.

Murjel

Siegelfarbe: rosa
Zuständigkeit:
Magnete, Magnetismus, Heilen durch Magnetismus.

Ophaniel

Siegelfarbe: silbern mit leichtem Blauton
Zuständigkeit:
Mond. Mondlicht, Gezeiten, Mondexpeditionen, Mondsüchtigkeit.

Parkaduel

Siegelfarbe: weizengelb
Zuständigkeit:
Frieden, Streit schlichten, Friedensverhandlungen,innerer Frieden.

Plagiguel

Siegelfarbe: karminrot
Zuständigkeit:
Erfüllung, Vollendung, Erfüllung von Wünschen, Selbsterfüllung, Vollendung eines Werkes, eines Lebensabschnitts.

Raaschiel

Siegelfarbe: rot
Zuständigkeit:
Er ist der Engel aller Beben des Universums. Er wird oft angerufen mit dem Engel der Schwingungen oder dem Engel des Erdbebens. Außerdem ist er zuständig für Seebeben, inneres Beben und Zittern.

Rahathiel

Siegelfarbe: silberweiß
Zuständigkeit:
Sternbilder, Astronomie, Astrologie.

Ramodiel

Siegelfarbe: dunkelblau
Zuständigkeit:
Er ist der Engel, der für die Überwindung des Raumes zuständig ist. Dieser Engel wird sicherlich in der Zukunft noch eine große Rolle spielen, aber auch heute wird er schon angerufen, um astrale Reisen zu unternehmen.

Resethiel

Siegelfarbe: grün
Zuständigkeit:
Wachstums von Pflanzen, Landwirtschaft, Gartenbau, Gärtner, Bauern, Biologen.

Rethiel

Siegelfarbe: gelb
Zuständigkeit:
Felder, Kornfelder, Landwirtschaft.

Riguel

Siegelfarbe: graublau
Zuständigkeit:
Tanz, Bewegung, Gymnastik.

Rikbiel

Siegelfarbe: himmelblau
Zuständigkeit:
Ihm unterstehen die vier Winde dieser Erde. Er wird angerufen zum Schutz vor Wind, aber auch um Wind zur Ernte und das immer mit dem Engel des Windes Ruchiel.

Ruchiel

Siegelfarbe: himmelblau
Zuständigkeit:
Er ist der Engel des Windes und wird immer mit dem Engel Rikbiel angerufen.

Saamiel

Siegelfarbe: tiefrot
Zuständigkeit:
Heftigkeit, Gefühlsausbrüche, Besänftigung von Zorn. Sehr oft wird er in Verbindung mit anderen Engeln angerufen.

Saaphiel

Siegelfarbe: blau
Zuständigkeit:
Er ist der Engel, dem der Sturm untersteht. Er wird angerufen zum Schutz davor. Meistens wird diese Anrufung gleichzeitig mit den Engeln des Windes geschehen.

Sabtiel

Siegelfarbe: wassergrün
Zuständigkeit:
Bewässerung, Kanäle, Brunnen, Pumpen, Stauseen, Wasserversorgung.

Sailiel

Siegelfarbe: nachtblau mit etwas silber
Zuständigkeit:
Nacht, Angst vor der Nacht, Nachtarbeit, Nachtwachen.

Salaziel

Siegelfarbe: türkis
Zuständigkeit:
Hüten, lenken, Hirt und Herde, Reiter, Fahrzeuge, geistliche "Hirten", Erzieher, Lehrer, Führungskräfte.

Samanthiel

Siegelfarbe: weiß auf blauem Grund
Zuständigkeit:
Recht, Verträge, Anwälte, Notare, Gesetze, Akten, Kanzleien, Abkommen, Verhandlungen.

Samotiel

Siegelfarbe: hellblau
Zuständigkeit:
Sprache, Redner, Reden, Dolmetscher, Übersetzer, Sprachlehrer, Logopäden

Samuel

Siegelfarbe: hellgrün
Zuständigkeit:
Gesundheit, Gesundheitswesen, Wohlbefinden, Ferien,Kuren, Erholung.

Sanothiel

Siegelfarbe: mittelblau
Zuständigkeit:
Handel, Verkehr, Kaufleute, Geschäfte, Firmen, Geschäftsreisen, Märkte, Händler, Straßen, Fahrzeuge, Verkehrswesen.

Sautiel

Siegelfarbe: wassergrün
Zuständigkeit:
Seefahrt, Schiffe, Häfen, Wasserstraßen, Seeleute, Seereisen.

Schalgiel

Siegelfarbe: weiß auf blauem Grund
Zuständigkeit:
Schnee, Schutz vor Schnee, Lawinen, Verwehungen.

Schimschiel

Siegelfarbe: rot
Zuständigkeit:
Tag, Tageslicht, Tagesablauf, tägliches Leben.

Segosel

Siegelfarbe: orange
Zuständigkeit:
Alle Bereiche der Physik, physikalische Forschung.

Senekel

Siegelfarbe: orange
Zuständigkeit:
Schrift, Schriftarten, Handschrift, Graphologie, alte Schriften, Archive, Bibliotheken, Buchwesen, Gelehrtheit.

Seraphel

Siegelfarbe: mittelrot
Zuständigkeit:
Erfinden, Schaffen, Erfinder, Ingenieure, Patente, Kreativität in allen Bereichen.

Shariel

Siegelfarbe: dunkelgrüm
Zuständigkeit:
Wachsamkeit, Wachen, Wächter, Nachtwachen, Hilfe bei Übermüdung und Erschöpfung.

Siiel

Siegelfarbe: erdbraun
Zuständigkeit:
Erdbeben. Er wird meistens mit den anderen Engeln des Bebens angerufen.

Simiel

Siegelfarbe: rot
Zuständigkeit:
Liebe, Partnerschaftsprobleme, Liebeskummer

Siqiel

Siegelfarbe: feuerrot
Zuständigkeit:
Er ist der Engel der Funken und wird meistens mit dem Engel des Feuers angerufen. Auch elektrische Funken, Zündung, zünden.

Speradiel

Siegelfarbe: lila
Zuständigkeit:
Weissagung, Hellsehen, Prognosen.

Sporkudiel

Siegelfarbe: stahlblau
Zuständigkeit:
Konstruktion, Technik, Bauwesen, Maschinenbau, geistige Konstruktion.

Stamiel

Siegelfarbe: blau
Zuständigkeit:
Erfolg

Tarosiel

Siegelfarbe: cremeweiß
Zuständigkeit:
Überwindung von Gefahren, Versuchungen, Ängsten, Anfeindungen, Begierden; Selbstüberwindung.

Tattwaiel

Siegelfarbe: rosa
Zuständigkeit:
Freude, Lebensfreude.

Therotiel

Siegelfarbe: lila
Zuständigkeit:
Mitgefühl, caritative Verbände, Nächstenliebe.

Tutiel

Siegelfarbe: silber
Zuständigkeit:
körperliche, geistige und seelische Reinigung

Vennel

Siegelfarbe: rotbraun
Zuständigkeit:
Opfer, Opfer von Verbrechen und Justizirrtümern, Verfolgung, Behördenwillkür. Opferbereitschaft, Aufopferung.

Verchiel

Siegelfarbe: weiß auf blauem Grund
Zuständigkeit:
Leben, Lebensumstände, Lebensgestaltung, Lebensaufgaben, wird auch mit Karmael angerufen.

Zaphkiel

Siegelfarbe: lila
Zuständigkeit:
Betrachtung, Meditation, Autogenes Training

Zerosiel

Siegelfarbe: wasserblau
Zuständigkeit:
Er ist der Engel der Klarheit und Sauberkeit. Er wird oft mit anderen Engeln, wie zum Beispiel dem Engel Tutiel, angerufen. Er hilft bei allen körperlichen, geistigen und seelischen (Depressionen) Verschmutzungen.

Zuriel

Siegelfarbe: hellgrün
Zuständigkeit:
Fruchtbarkeit bei Menschen, Tiere, Pflanzen. Geistige Fruchtbarkeit.

Besondere Fragen und ihre Antworten

Können mehrere Engel gleichzeitig angerufen werden?

Das ist nicht nur möglich, sondern manchmal gefordert. Zum Beispiel wird ein Bauer für eine gute Ernte die Engel Zuriel und Rethiel zusammen anrufen. In diesem Falle zeichne ich die Siegel auf ein und dasselbe Stück Papier.

Muß ich das Siegel ständig bei mir haben?

Nein. Ich kann es auch in einem Raum aufbewahren, in dem ich mich überwiegend aufhalte. Sofern ich den Engel des Verkehrs angerufen habe, bewahre ich zum Beispiel dessen Siegel an einem geeigneten Platz in meinem Auto auf.

Kann ich für einen anderen Menschen ein Siegel erstellen (mit oder ohne sein Wissen)?

Ja, das kann ich. Wenn ich die betreffende Person nicht davon informieren möchte, muß ich aber entsprechend für sie das Opfer bringen.

Ist das Siegel ein Amulett?

Nein. Es hat mit einem Amulett nichts zu tun. Das Siegel ist eine Art niedergeschriebenes Gebet in Stenografie.

Hat die Anrufung der Engel etwas mit Magie zu tun?

Magie ist die "Lehre von den Kräften". Wenn wir von diesem Grundsatz ausgehen, so ist bereits ein Gedanke von uns eine Form der Magie.
Die Erstellung der Siegel und auch die Siegel selbst haben jedoch nichts mit der Magie zu tun, die man allgemein unter diesem Begriff versteht, nämlich Beschwörungen, Formeln, Rituale, um Macht, Reichtum und Einfluß zu gewinnen.

Für wieviel Zwecke auf einmal darf ich Siegel erstellen?

In dieser Hinsicht gibt hier keine Begrenzung, jedoch man sollte sich gut überlegen, ob es richtig und notwendig ist, allzuviel auf einmal zu erbitten.

Wie lange wirkt ein Siegel und was mache ich damit, nachdem meine Bitte erfüllt wurde?

Ein Siegel wirkt bis zur Erfüllung der Bitte. Darf die Bitte zu unserem Wohle nicht erfüllt werden, bleibt es wirkungslos. Wenn die Bitte erfüllt wurde, verbrenne das Siegel.

Wie schnell wirkt ein Siegel?

In Seminaren habe ich schon erlebt, daß eine Bitte schlagartig erfüllt wurde. Es kann aber auch lange Zeit dauern.

Was ist, wenn jemand nicht daran glaubt?

Wenn jemand nicht daran glaubt, wird er kaum sich ein Siegel erstellen. Erstelle ich aber ohne Wissen der betreffenden Person ein Siegel für sie, so ist es gleichgültig, ob sie daran glaubt oder nicht.

Wie treffe ich beim Siegel den richtigen Farbton?

Es ist nicht so wichtig, ob ich ganz genau den Farbton treffe. Allerdings sollte die Farbe nach der Beschreibung so genau wie möglich gewählt werden. So ist es zum Beispiel nicht möglich, die Farbe Gold durch Gelb zu ersetzen oder gar silber durch den Farbton weiß.

Kann sich beim Inkorporieren ein negatives Geistwesen ohne meinen Willen Zutritt verschaffen?

Ich weiß, daß ein negatives Geistwesen sich von hinten nähert. Habe ich ein ungutes Gefühl, so breche ich die Inkorporation ab. Ich rufe dann meinen Schutzengel um Hilfe an. Auch gibt es eine Art spiritueller Polizei, die ich rufen kann. Sie greift sofort ein. Es gibt ein göttliches Gesetz, wonach ein Geistwesen einem Menschen nicht ohne Einverständnis seiner Seele (aus karmischen Gründen) schaden darf noch ihn besetzen kann.

Kann man zwei Engel auf einmal aufnehmen?

Nein. Das ist keinesfalls ratsam. Die Kraft könnte zu stark für mich sein, und ich kann keine richtige "Sprechverbindung" bekommen.

Kann ich von einem Engel "besessen" werden?

Nein, denn Engel lieben uns, sind göttlichen Ursprungs und schaden uns niemals.

Kann ich abhängig werden?

Niemals darf ich mich dazu verleiten lassen, mein Leben abhängig von etwas anderem als mir selber zu machen. Ohnehin unterbrechen die Engel die Verbindung sofort, sofern von ihnen festgestellt wird, daß ein Mensch sie benutzen will, um keine eigenen Entscheidungen mehr zu treffen. Behandeln wir die Möglichkeit, mit Engeln zu sprechen, wie ein Telefonat mit einem guten Freund in Australien - " Denk an deine Telefonrechnung! " Fragen und bitten wir also nur in wichtigen Dingen!

Kann ich außer den Königsengeln auch andere Engel aufnehmen?

Ja, ich kann auch mit den anderen atlantischen Engeln arbeiten. Es ist allerdings nicht ratsam, den Engel des Bebens, des Feuers, des Donners usw. aufzunehmen.

Ist es mir möglich, auch meinen Schutzengel aufzunehmen?

Ja, er ist sogar derjenige, der am ehesten bereit ist uns zu helfen, da er uns am nächsten steht.

Kann ich einen Erzengel aufnehmen?

Das ist ebenfalls möglich. Die Inkorporation sollte jedoch sehr behutsam und langsam erfolgen, wegen ihrer sehr starken Kraft. Ich habe in Seminaren schon erlebt, daß Teilnehmer die Kraft eines Erzengels in übergroßer Hitze erlebten, die sie nicht auszuhalten vermochten.

Was ist, wenn ich bei der Inkorporation nichts verspüre?

In diesem Falle ist es ratsam die Übungen von Anbeginn zu wiederholen. Habe ich erneut keinerlei Empfindungen, so ist davon auszugehen, daß eine Barriere in mir vorhanden ist. Das kann Angst sein, eine zu große Erwartungshaltung, oder aber ich fühle mich nicht würdig, einen Engel aufzunehmen.

Was kann ich tun, sofern ich nach dem Inkorporieren Kopfschmerzen bekomme?

Durch die starken Energien, die ich aufgenommen habe, ist es durchaus möglich, daß ich Kopfschmerzen bekomme. Ich schließe dann nur mein Scheitelchakra, um keine weiteren Energien aufzunehmen. Hierzu streiche ich mit der linken Hand von vorne nach hinten über den

Kopf.

<u>Bin ich überhaupt würdig, einen Engel aufzunehmen?</u>

Ja, jeder Mensch ist dazu würdig. Engel sind ein Teil vom VATER, wie wir auch.

<u>Muß ich die Gestik real, oder kann ich sie auch geistig ausführen?</u>

Es reicht völlig aus, sie geistig auszuführen. Am Anfang ist es sinnvoller, sie körperlich zu machen, damit unser Unterbewußtsein besser die Gestik verankern kann.

Die " ESSENIA " – Gemeinschaft der Kinder des Lichts "

Das Versprechen der Engel

Kinder des Lichts
Ihr **alle** seid,
Gott Euch dies verhieß.
Er schenkte Euch die Engel,
zu rufen und zu künden
des Vaters ***Heilig*** Wort.
Drum wendet Euch an die Engel nur,
wenn Ihr wollt etwas wissen.
Sie helfen Euch **jederzeit**
in **jeder** Lebenslage.
Und **keiner** läßt Euch je im Stich,
nehmt Ihr die Engel ernst.
Für **jeden** ein Engel vorhanden ist,
so schrieb es einst der **VATER**.
Sie schützen und sie helfen Euch
in Eurem Erdenleben.
Drum ehret und preiset sie
- die Engelschar.
Gott selbst Euch schützen wird,
ruft Ihr der Engel Schar.

(Dieses Versprechen wurde von den Engeln für die Gemeinschaft der Kinder des Lichts medial übermittelt.)

Die " Gemeinschaft der Kinder des Lichts " wurde auf Veranlassung der Engel ins Leben gerufen. Sie möchte heute das Wissen der Essener und Atlantaner weitergeben und verbreiten. Wir wollen den Menschen ihre göttlichen Fähigkeiten erneut bewußt machen und ihnen die Möglichkeiten des Umganges mit den Engeln wieder erschließen.
Die " Gemeinschaft der Kinder des Lichts " ist kein Verein und keine Sekte, sondern eine Gemeinschaft von Menschen mit der vorgenannten gleichen Zielsetzung.

Der Eintritt in die Gemeinschaft geschieht durch eine Engelandacht, die der Beitretende selbst vollzieht und in der er den Engeln selber seinen Beitritt erklärt. Mit diesem Beitritt vollzieht er den Schritt in die Einheit mit den Engeln und den Menschen, die an sie glauben. Dadurch gilt auch für ihn das Versprechen der Engel, den Kindern des Lichts so gut wie möglich beizustehen, sofern diese sie anrufen. Dieses Versprechen soll nicht dazu führen, daß sich die Kinder des Lichts als "Auserkorene" fühlen. Hier eröffnet sich den Engeln die Möglichkeit, über die Zusammenarbeit mit den Menschen in unsere materielle Welt einzuwirken.
Der Beitretende geht mit seiner Erklärung gegenüber <u>keinem</u> Menschen eine Verpflichtung ein.

Mit dem folgenden Gelöbnis tritt der Leser der Engelgemeinschaft der "Kinder des Lichts" bei. Erst danach erfüllt sich auch für ihn das Versprechen der Engel, so daß er sie über die Siegel anrufen kann. Das Gelöbnis ist ein Versprechen, das er sich selbst gibt. Die Engel unterstreichen die Wichtigkeit mit den Worten: " Wenn ein Mensch ein Gelöbnis jemand anderem gibt und es nicht hält, so muß er das karmisch in einem anderen Leben wieder ausgleichen. Gibt er aber das Versprechen sich selbst und hält es nicht, so entsteht diese karmische Belastung nicht." Die Engel sind nur Zeugen des Versprechens.

Zum Gelöbnis entzünde drei weiße Kerzen, die wieder in Dreieckform aufzustellen sind, mit den Worten:

1. Im Namen des Vaters, der Himmel und Erde erschuf.

2. Im Namen des Sohnes, dessen Liebe zu mir stärker war als die Angst vor dem Schmerz und dem Tod.

3. Im Namen des Geistes, der mich stets er leuchten möge.

Mein Gelöbnis

Ich rufe alle Engel an und bitte um die Aufnahme in ihre Gemeinschaft der Kinder des Lichts.

1.) Ich glaube an meine unsterbliche Seele die vom Vater kommt.

2.) Ich glaube an die geistige Welt der Engel.

3.) Ich glaube daran, daß die Engel mich leiten und behüten nach dem Willen des Vaters.

4.) Ich verspreche vor mir und den Engeln, stets so zu handeln, daß es mit meinem Gewissen und meinem Glauben übereinstimmt.

5.) Ich verspreche mir, nichts zu erbitten, was mir oder anderen wissentlich schadet und das Wissen um die Anrufung der Engel niemals zu mißbrauchen.

Nach diesem Gelöbnis kann der ESSENIA eine kurze Erklärung über den Beitritt zur Gemeinschaft zugesandt werden. Der Name wird bei der ESSENIA aufgezeichnet. Bei Seminaren, Vorträgen, Erfahrungsaustausch und anderen Zusammenkünften wird er dann entsprechend informiert. Selbstverständlich ist, daß er auch Hilfe und Rat bei der ESSENIA bekommen kann.
Wer sich für die Aufgabe des "Wegweisers" oder des "Essenischen Meisters" interessiert, hat die Möglichkeit, bei der ESSENIA ein Informationsblatt und einen Seminarplan anzufordern.

K o n t a k t s c h e i n

Ich fühle mich durch den Glauben an die Engel geistig mit ihnen und mit gleichdenkenden und gleichfühlenden Menschen verbunden. Diesen unsichtbaren Kontakt, der zwischen mir, diesen Menschen und den Engeln besteht möchte ich durch den Eintritt in die " Gemeinschaft der Kinder des Lichts " verstärken.

O Ich bitte um weitere Informationen zum Eintritt

O Ich bitte um Informationen über Zusammenkünfte, Vorträge und Seminare

O Ich möchte Wegweiser für andere Suchende sein und bitte um entsprechende Informationen

....

Name Vorname Geb.Datum

....

Straße / Hausnummer-falls nicht BRD auch Land

....

Postleitzahl, Ort Unterschrift

Bitte einsenden an den Licht-Verlag.

Licht - Verlag
Breidenbacher Weg 5 5

5226 Reichshof
Tel. 02265/9200

Das Buch der Siegel

Aduachiel

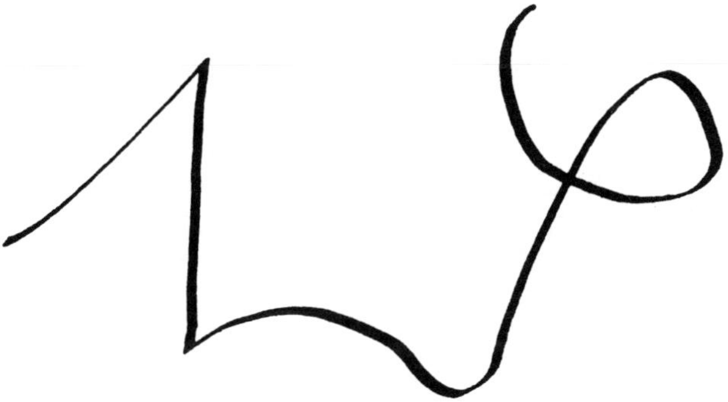

Ambriel

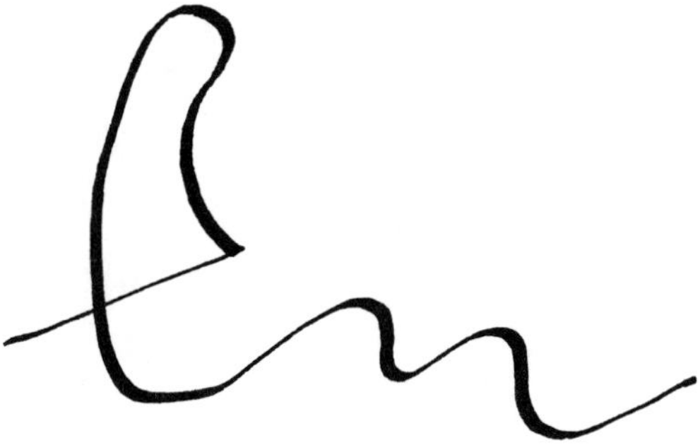

Ashtiel

Asinel

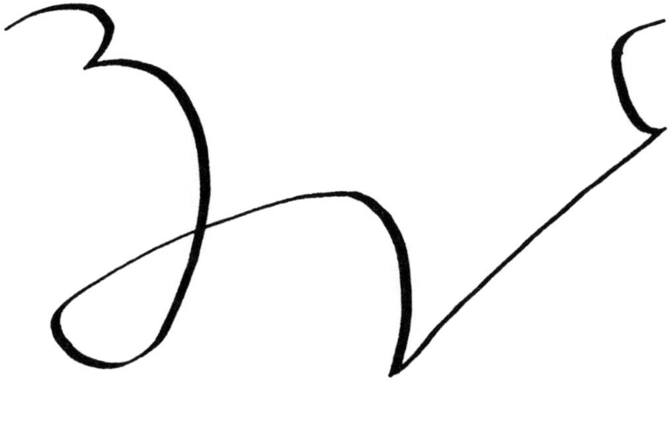

Asmodel

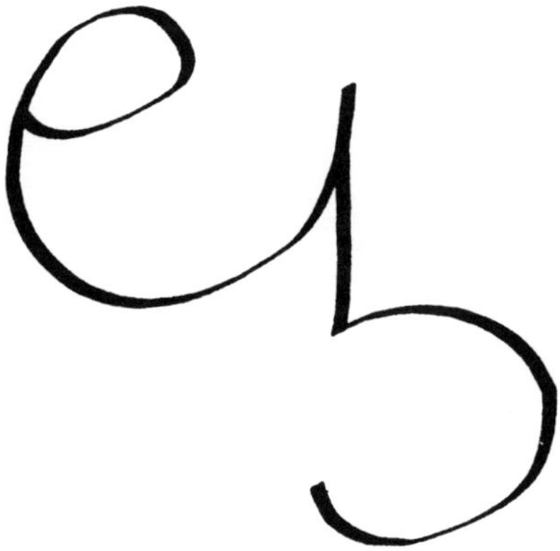

Asradiel

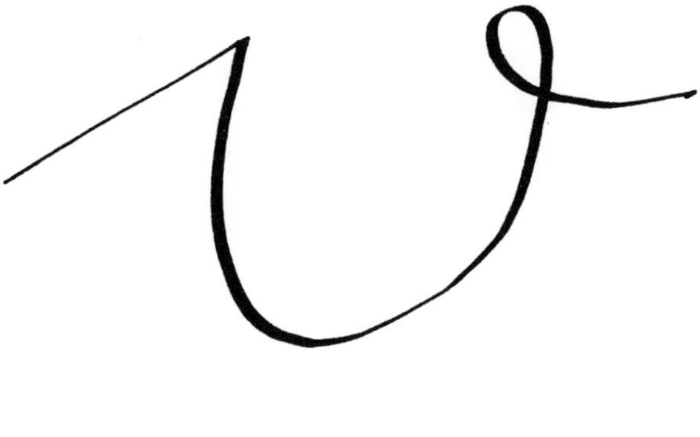

Asrael

Asturel

Auretiel

Baamiel

Balachiel

Baradiel

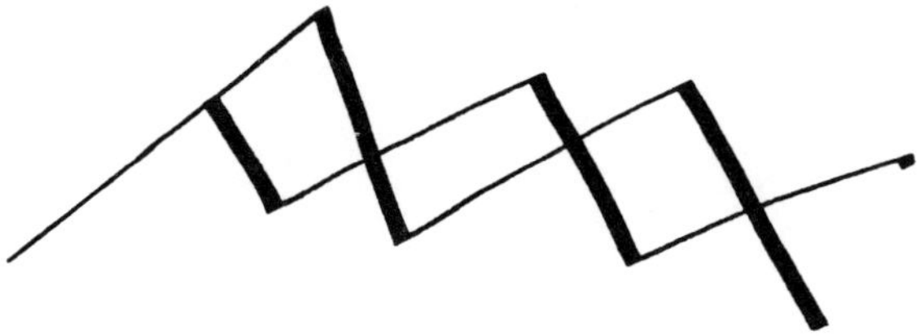

Baraqiel

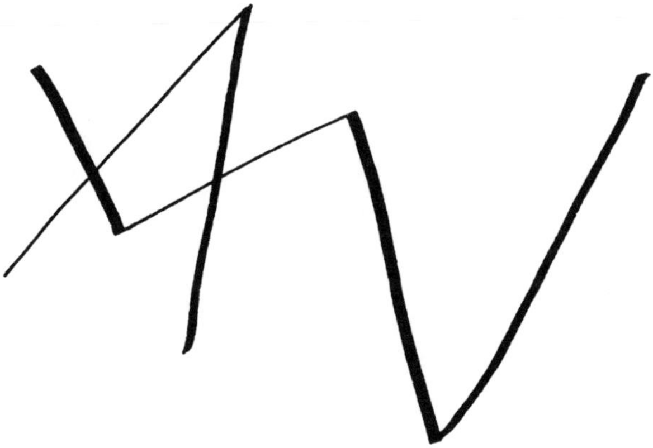

Beleguel

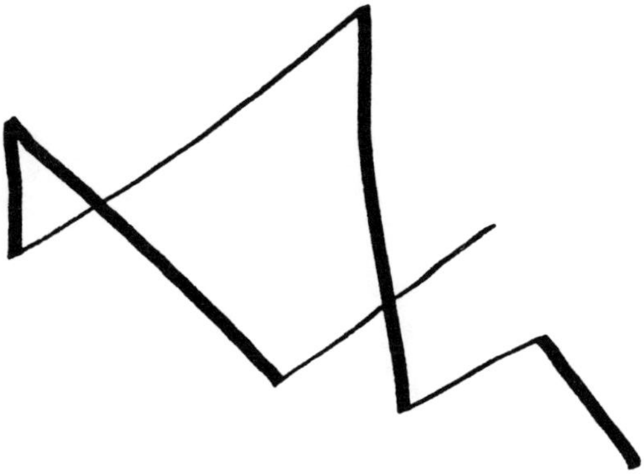

Bokumiel

Cambiel

Carbiel

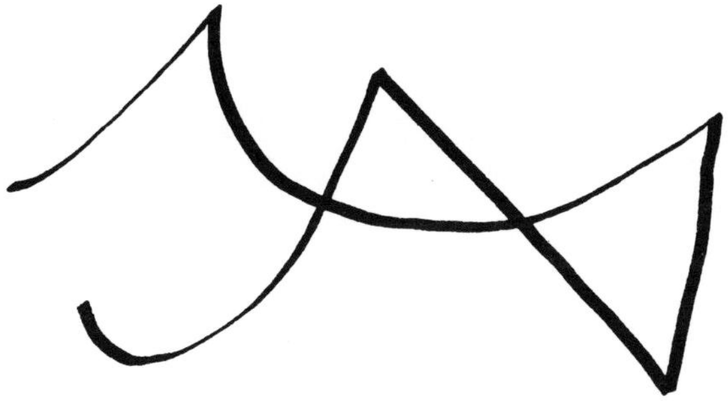

Cesariel

Cosmoel

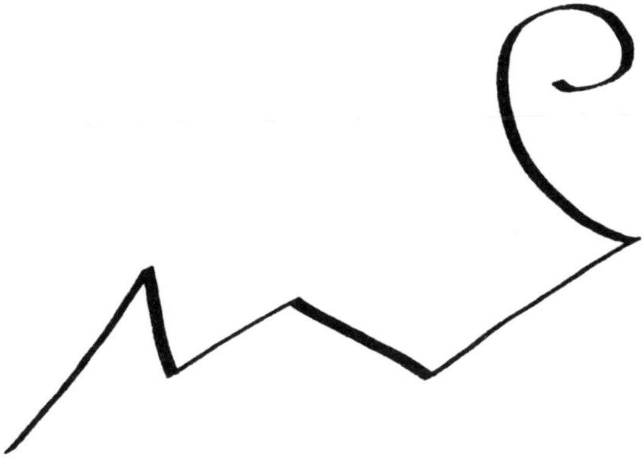

Deusel

Doradoel

Dosoel

Eguel

Emkiel

Fenel

Gabriel

Galgalliel

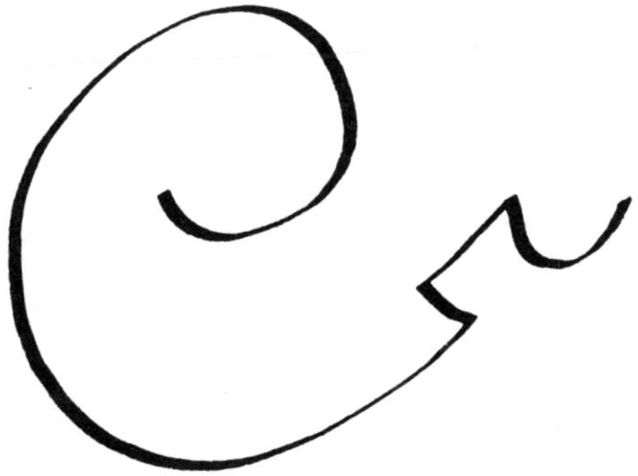

Hachamel

Hamaliel

Hanael

Hestiel

Hethetiel

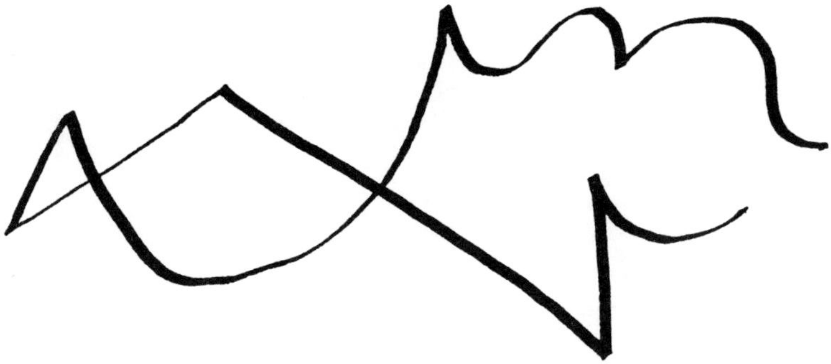

Hethitiel

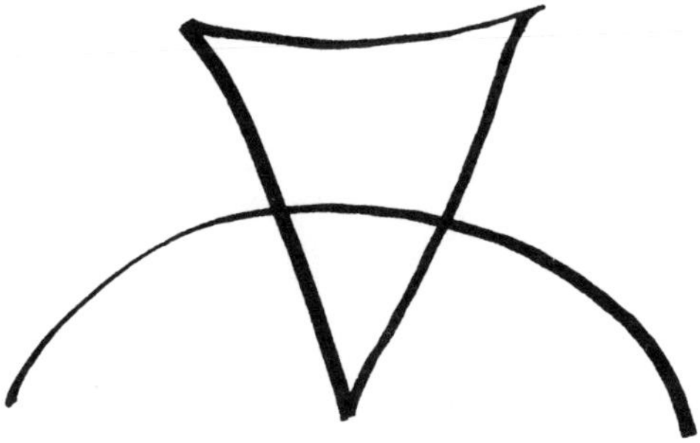

Jophaniel

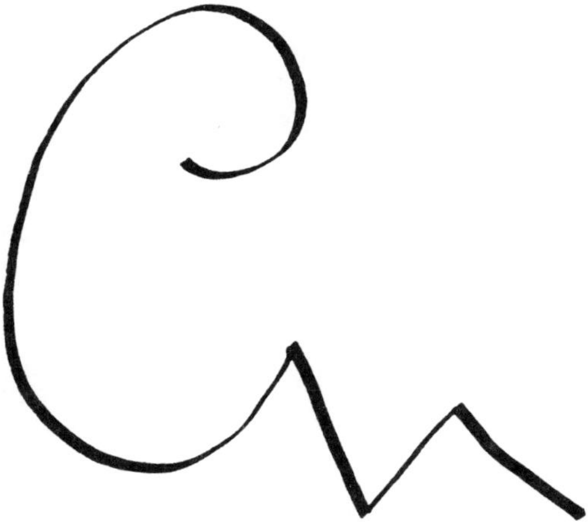

Karmael

Katzachiel

Kokbiel

Komutiel

Konfertiel

Konfitiel

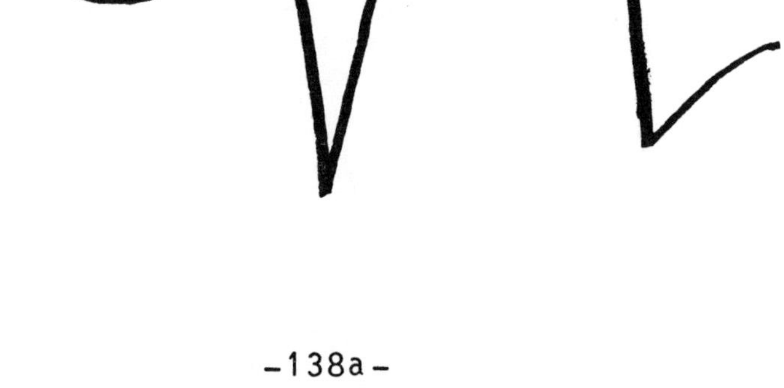

Labael

Lamachael

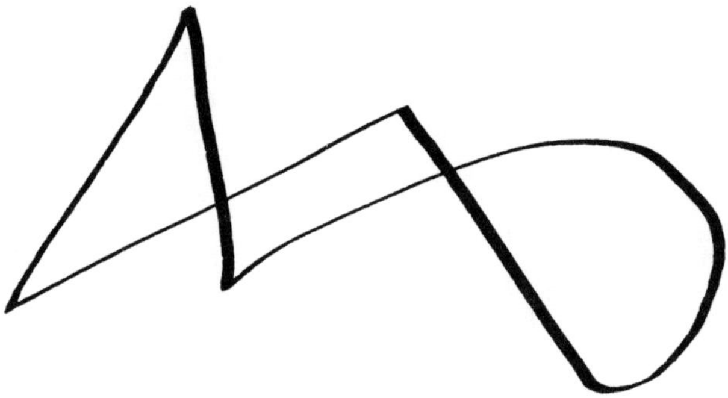

Libuel

Liriel

Malchjdael

Malequiel

Matariel

Melachiel

Melathiel

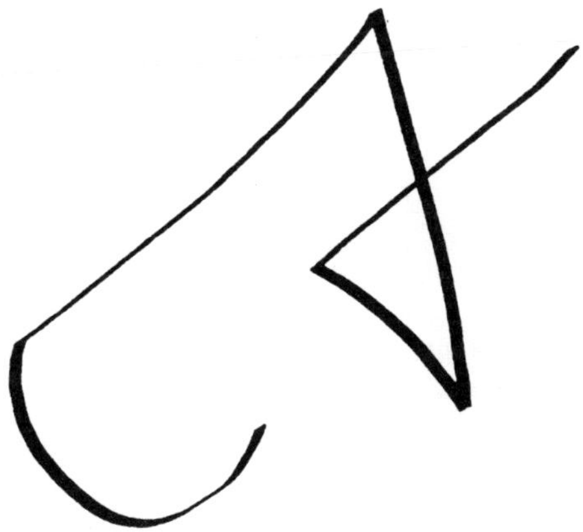

Miguel

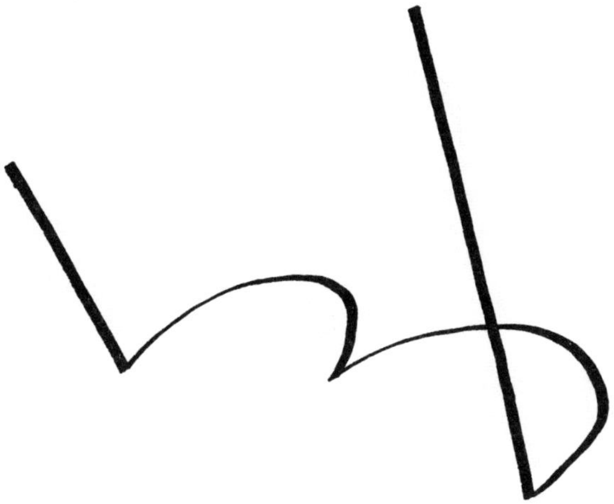

Mizariel

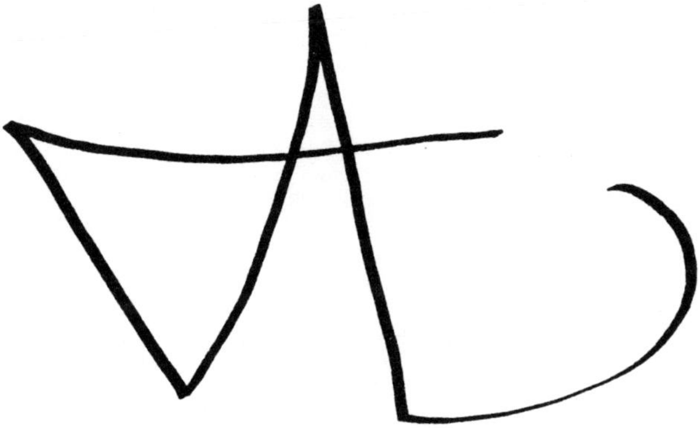

Murjel

Ophaniel

Parkaduel

Plagiguel

Raaschiel

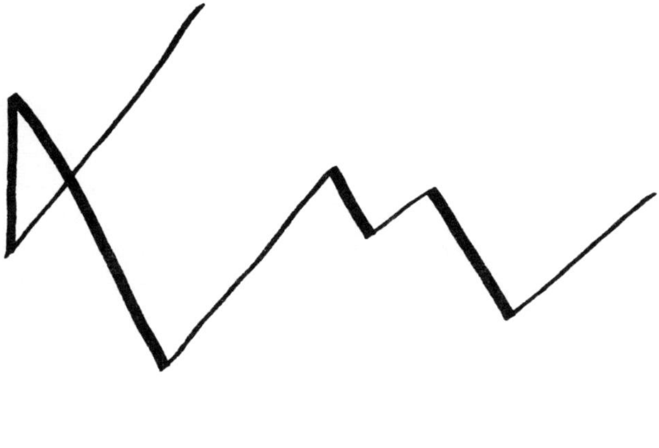

Rahathiel

Ramodiel

Resethiel

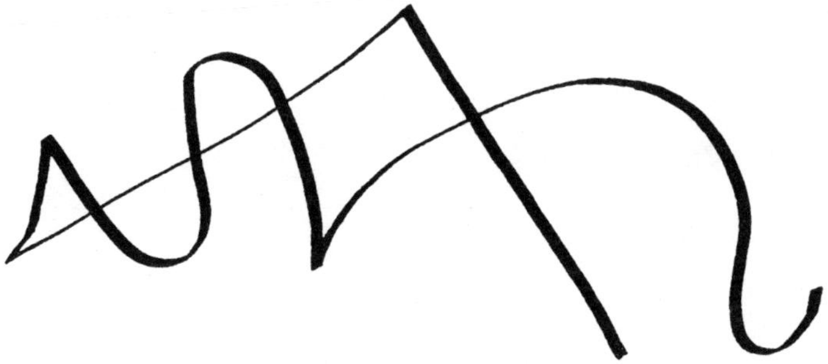

Rethiel

Riguel

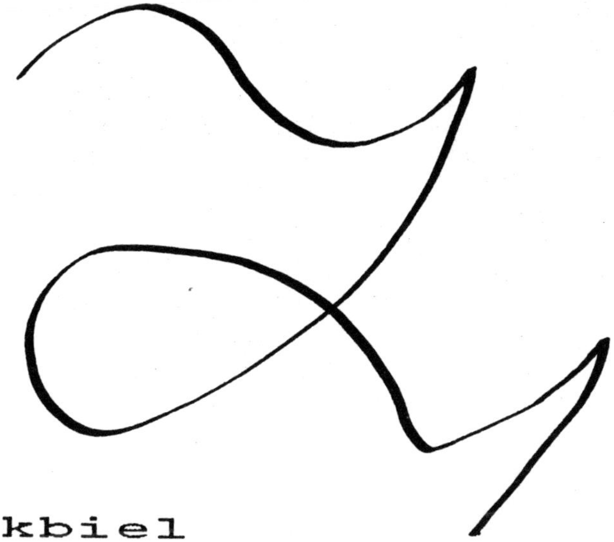

Rikbiel

Ruchiel

Saamiel

Saaphiel

Sabtiel

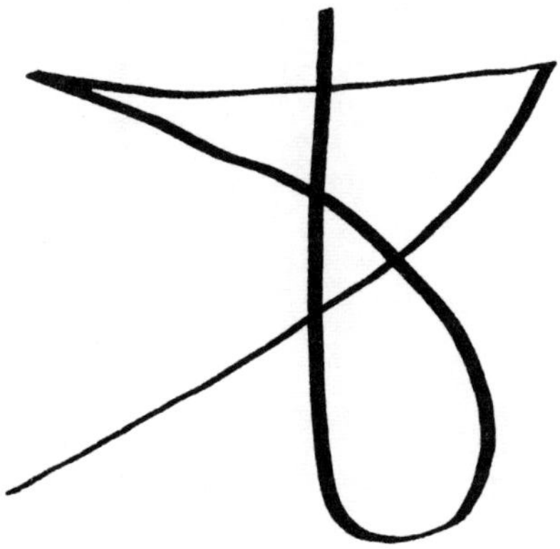

Sailiel

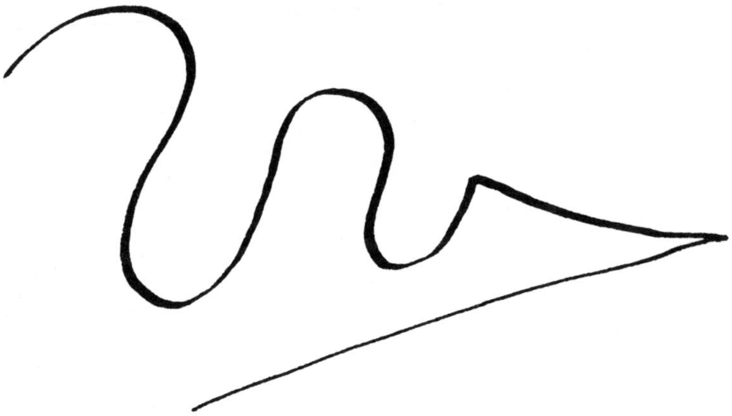

Salaziel

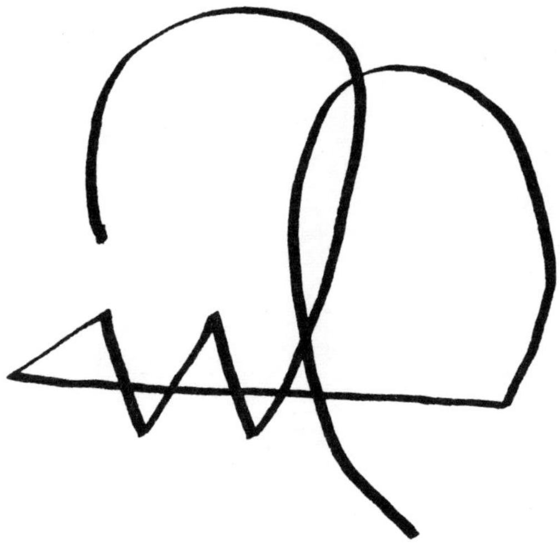

Samanthiel

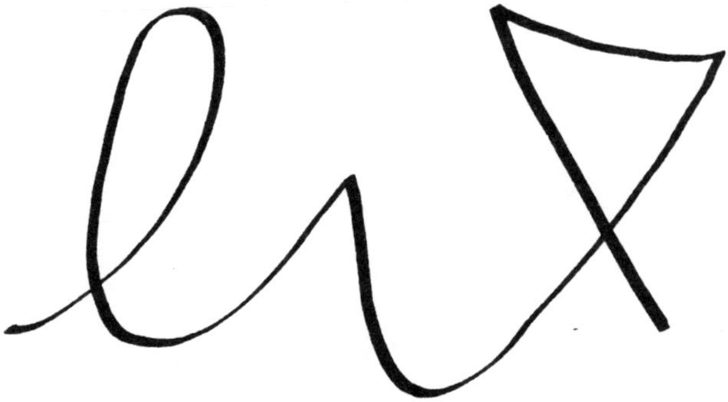

Samotiel

Samuel

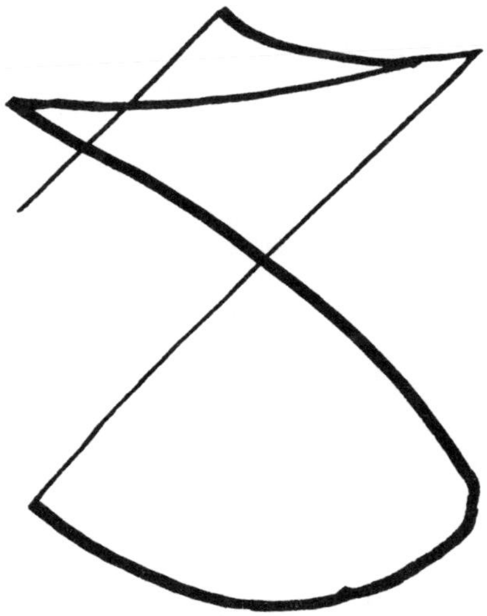

Sanothiel

Sautiel

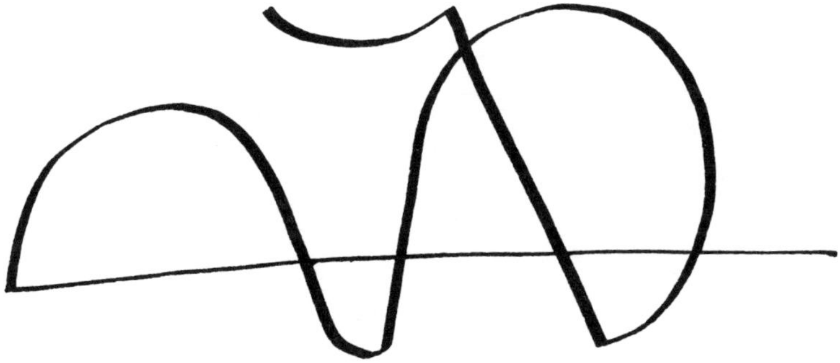

Schalgiel

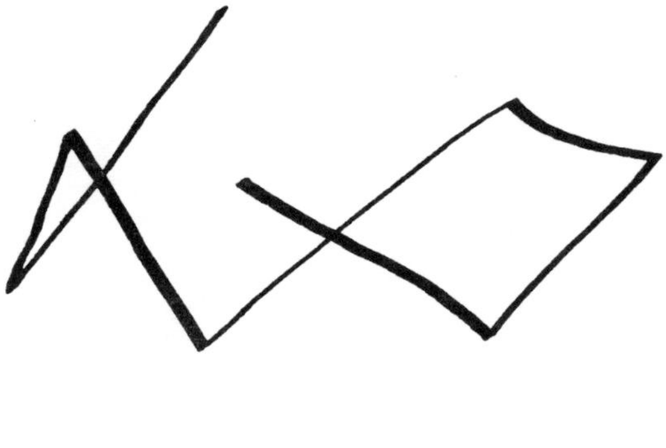

Schimschiel

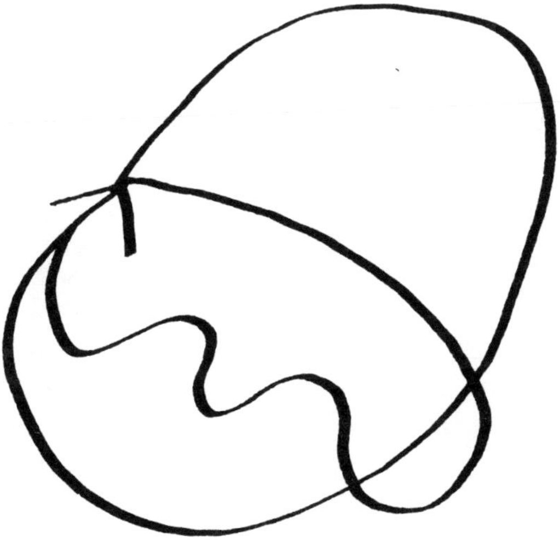

Segosel

Senekel

Seraphel

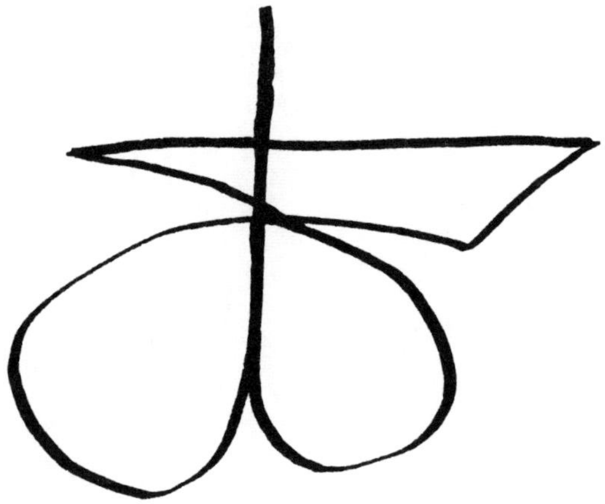

Shariel

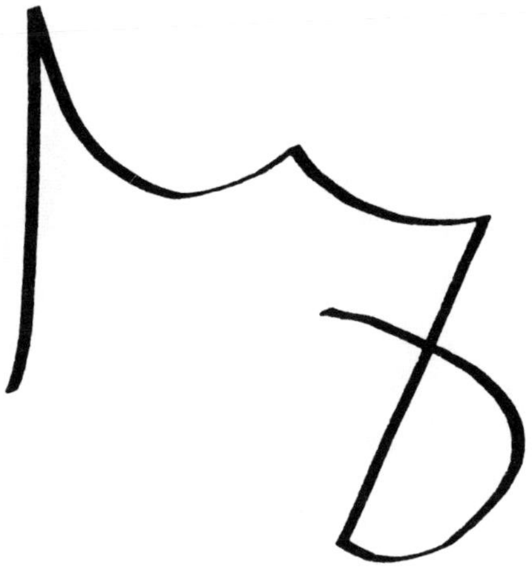

Siiel

Simiel

Siqiel

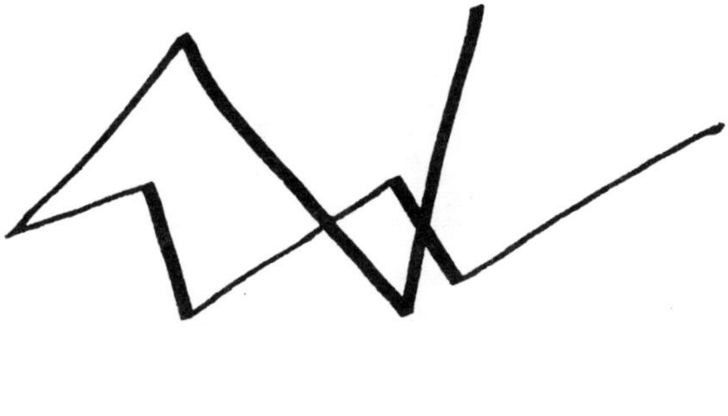

Speradiel

Sporkudiel

Stamiel

Tarosiel

Tattwaiel

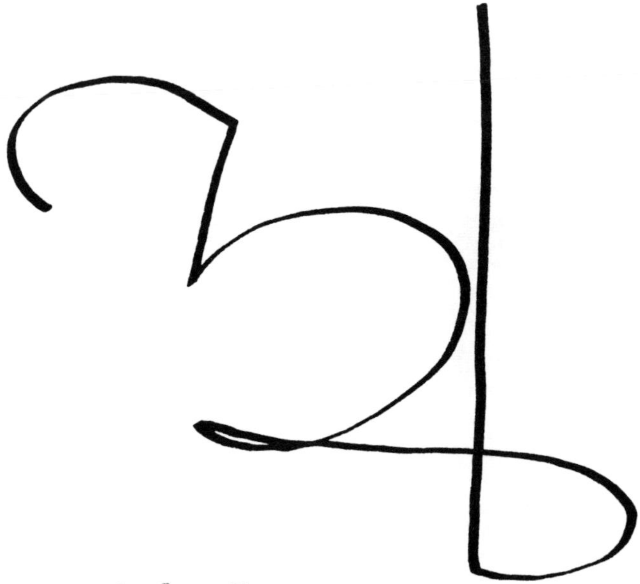

Therotiel

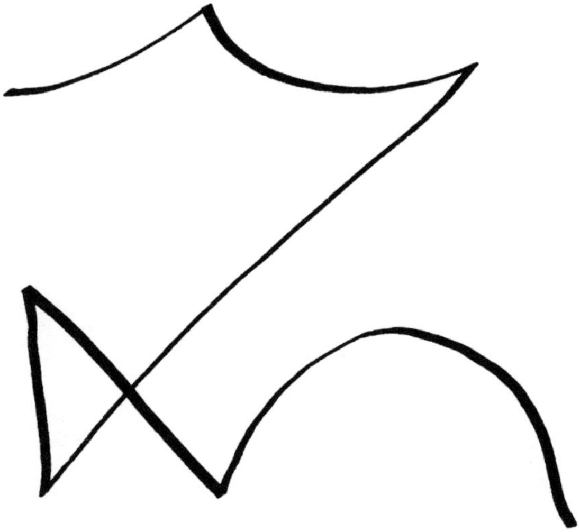

Tutiel

Vennel

Verchiel

Zerosiel

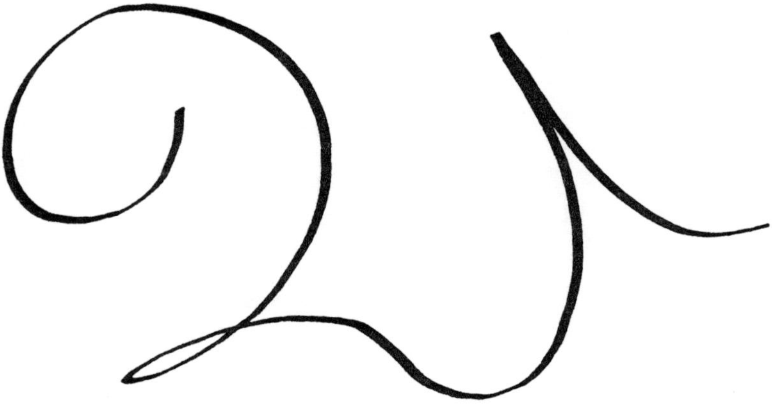

Zuriel

K o n t a k t s c h e i n

Ich fühle mich durch den Glauben an die Engel geistig mit ihnen und mit gleichdenkenden und gleichfühlenden Menschen verbunden. Diesen unsichtbaren Kontakt, der zwischen mir, diesen Menschen und den Engeln besteht möchte ich durch den Eintritt in die " Gemeinschaft der Kinder des Lichts " verstärken.

O Ich bitte um weitere Informationen zum Eintritt

O Ich bitte um Informationen über Zusammenkünfte, Vorträge und Seminare

O Ich möchte Wegweiser für andere Suchende sein und bitte um entsprechende Informationen

....

Name Vorname Geb.Datum

....

Straße / Hausnummer-falls nicht BRD auch Land

....

Postleitzahl, Ort Unterschrift

Bitte einsenden an den Licht-Verlag.

Licht - Verlag
Breidenbacher Weg 5

5226 Reichshof
Tel. 02265/9200